Zerbricht die Kirche?

Hubert Feichtlbauer

Zerbricht die Kirche?

Antworten eines Zuversichtlichen

K&S

Ein Verlag der Donauland-Gruppe im Hause Bertelsmann

ISBN 3-218-00664-3

Schutzumschlaggestaltung: Zembsch Werkstatt, München
Satz: Zehetner GesmbH, A-2105 Oberrohrbach
Druck und Bindung: Wiener Verlag, Himberg

Gesetzt nach den Regeln der neuen deutschen Rechtschreibung

Inhalt

Krise als Chance und Gefahr

Macht die römisch-katholische Kirche eine Krise durch? Bei einer schweren Krankheit ist die Krise der Wendepunkt, an dem sich entscheidet, ob das Fieber weiter steigt oder ob es von nun an fällt. Im zweiten Fall winken Heilung, Genesung, Rettung, im anderen dramatische Verschlechterung, Zuspitzung und vielleicht das Ende. Krise ist also ein Wendepunkt, an dem sich ein Schicksal entscheidet – zum Guten oder zum Schlimmen. Krise ist Chance und Gefahr. Das chinesische Schriftzeichen für Krise besteht aus genau diesen beiden Begriffen.

Die römisch-katholische Kirche lebt in einer solchen Wendezeit. In verschiedenen Teilen der Erde wird diese unterschiedlich stark wahrgenommen. Da und dort hat das Fieber den Scheitelpunkt noch nicht erreicht. Da und dort tragen die Zeichen der Krise unterschiedliche Namen. Aber die Krise ist da, jedenfalls in den Ländern Mittel- und Westeuropas sowie in Nordamerika. Sie ist nicht zu übersehen in den deutschsprachigen Ländern. Glaubwürdigkeitskrise heißt sie hier. Immer mehr Menschen verweigern der katholischen Kirche das Zeugnis der Glaubwürdigkeit. Dass die reformierten Kirchen mit ähnlichen Problemen und gleichfalls steigenden Austrittszahlen zu kämpfen haben, darf nicht ablenken. In diesem Buch ist von der römisch-katholischen Kirche die Rede, die sich durch einen Blick über den Zaun keinen billigen Trost verschaffen kann.

Was die Krise ausmacht, ist bekannt. Der beim jüngsten Rom-Besuch der österreichischen Bischöfe im November 1998 mitgebrachte Fünf-Jahre-Bericht hat die Krisensymptome selbstkritisch aufgelistet: neuerlich steigende Kirchenaustrittszahlen, Verschärfung des Priester- und Priesternachwuchsmangels, Überalterung des Klerus, Zunahme der Scheidungen und der nicht ehelichen Lebensgemeinschaften, wachsende Konkurrenz von Sekten und neuen Religionsgemeinschaften, Ausdünnung des Religionsunterrichtes, Auszug von Jugend und Frauen aus der Kirche, Auszehrung der kirchlich orientierten Vereine, Verbände und Presseprodukte, Rückgang des Einflusses der Kirche auf das öffentliche Geschehen.

Sicher: Der bisherige Austrittsrekord von 1995 ist noch immer einsame Spitze. Aber der Umkehrtrend von 1996 und 1997 wurde neuerlich umgedreht. Spitzen zeigen immer an, wo Anlassfälle der besonderen Art einem Trend nachhelfen. In Österreich war dies 1995 der „Fall Groër", als der amtierende Erzbischof von Wien dem Vorwurf der sexuellen Nötigung abhängiger Minderjähriger kein Geständnis, aber auch keine Klage vor Gericht, keine Untersuchung und kein Verfahren, sondern nur larmoyantes Wehklagen entgegensetzte. 1998 fachte ein vor Vatikan-Kardinälen und Fernsehkameras ausgetragener Bischofsstreit („Lügner sollen das Maul halten") die Austrittsbewegung an, 1999 die Entlassung seines Generalvikars Helmut Schüller durch den Wiener Erzbischof.

Stimmt: Auch die Zahl der Wiedereintritte steigt ein wenig – aber diese machen immer noch bloß zehn Prozent der Auszügler aus. Stimmt: Neue geistliche Bewegungen („movimenti") versuchen den nach Weltüberwindung und Gottestrost dürstenden Menschen entgegenzukommen. Aber die Öffentlichkeit sieht sie kaum, kann sie nicht zählen und nicht anfassen. Drei von vier Menschen nehmen Religion und Kirche heute so gut wie nur über Massenmedien wahr. Wer nicht die nächtliche Talkshow schafft, schafft auch die Chance für Belehrung und Bekehrung nicht. Weil aber

Medien konfliktorientiert und einige von Österreichs Kirchenführern um der Medienwirkung willen auch konfliktbereit geworden sind, entfaltet sich vor den Augen eines halb erstaunten, halb belustigten Publikums das Bild einer streitenden Kirche. Das wäre dann kein Unglück, wenn über Leben und Sterben, Auferstehung und Ewigkeit ein gehaltvoller Diskurs zu hören wäre. Ist aber nicht. Man streitet über den Streit. Das aber wandelt bei vielen Unmut in Verzweiflung.

Und dennoch sind das nur äußere Zeichen eines Konflikts, der tiefer sitzt. Die katholische Kirche steckt nicht in einer Krise, weil dort und da ein Bischof durchdreht oder ein Journalist eine skandalträchtige Schlagzeile hochzieht. Es ist eine Krise, weil die Fiebersymptome keineswegs nur in Mitteleuropa, sondern in vielen Teilen der Erde wahrnehmbar sind – und zwar genau dort, wo die Kirche ohne Druck von außen, ohne Verfolgung und Zwang sich entfalten kann. In den Ländern des materiellen Wohlstands, wo inmitten einer geistigen Leere das Verlangen nach immateriellen Werten erkennbar zunimmt, kann die Kirche dieses Verlangen immer weniger stillen. Ein Wachsen der Sehnsucht nach dem „offenen Himmel" (Eugen Drewermann, Paul M. Zulehner) und ein Schrumpfen der Fähigkeit, ihn über uns aufzuspannen: das ist die Krise der Kirche.

Die Zeichen für Krise sind Chance und Gefahr.

Die Baumeister der Kirchenkrise

Die Allianzen der Throne und Altäre

Zerbricht die katholische Kirche unter den Keulenschlägen von Säkularismus und wachsender Gleichgültigkeit? Reißen interner Streit und Spott von außen sowie Selbstzerfleischung über zweit- und drittrangige Themen das Gefüge der Kirche auseinander? Oder genügt es, sich mit dem Jesus-Wort zu trösten, dass die Kirche auf Felsgrund gebaut ist und „die Mächte der Unterwelt sie nicht überwältigen werden" (Mt 16,18)?

Ein überzeugter Christ wird mit der Anwort des Glaubens nicht zögern: Untergehen wird die Kirche vor der Vollendung der Zeiten nicht! Die eher wachsende religiöse Sehnsucht unserer Tage macht die Antwort vielleicht auch Kirchenfernen plausibel. Aber die Verheißung gilt der Gesamtkirche, nicht der eines bestimmten Landes oder auch nur Kontinents. Ganze Landstriche Westasiens und Nordafrikas waren einmal christlich und sind heute islamisch. Andere werden morgen vielleicht glaubenslos oder Heimstatt neuer religiöser Strömungen sein. Und auch Spaltungen der Kirche wurden von ihrem Stifter Jesus Christus nicht verhindert. Denken wir an Österreich gegen Ende des 16. Jahrhunderts: Um 1570 war das gesamte damalige Habsburgerreich protestantisch. Nur das Herrscherhaus war katholisch geblieben. Etwa 20 Jahre später setzten Jesuiten, Kapuziner, Barnabiten, Serviten und andere Orden mit der Gegenreformation ein und ein gutes halbes Jahrhundert später war Österreich wieder katholisch. Die meisten von uns verdanken ihr heutiges „r.-k." im Meldezettel kaiserlichen Feldherren und Söldnern, die dem Wort der Prediger vor- und nachgearbeitet haben.

Das muss man sich vor Augen halten, um die enge Verbindung zwischen Kirche und Herrscherhaus zu verstehen, die fortan nicht mehr zu erschüttern war. Immer größer wurde der Einfluss des Staates auf die Kirche. In Joseph II. gipfelte dieser Staatskatholizismus: Der Kaiser löste beschauliche Orden auf, gründete Pfarren und Diözesen nach eigenem Gutdünken und bezahlte die Priester aus dem Religionsfonds, in den die Vermögenswerte der aufgelösten Orden geflossen waren. Der Kaiser förderte die Kirche als Hüterin von Ordnung und Moral –, der Priester wurde zum Beamten. Das Wort Gottes und das Wort des Kaisers flossen aus staatlich gefüttertem Mund.

Mit großer Anstrengung befreite sich die katholische Kirche schrittweise aus dieser Umklammerung, wo sie als drückend und demütigend empfunden wurde. Wo es vorteilhaft und angenehm für sie war, versuchte die Kirche sich die Privilegienleistungen des Staates zu erhalten. Die Verträge mit dem Kirchenstaat (Konkordate) von 1855 und 1933 retteten Geld und Eherecht. Die im Prinzip immer kaisertreue Kirche war klug genug, nach der Absetzung der Habsburger nicht alle Verbindungen zum Staat abreißen zu lassen, sondern sich auch mit der Republik rasch zu versöhnen. Der massive Antiklerikalismus von Sozialdemokraten und Großdeutschen trieb die Kirche den Christlichsozialen in die Arme, bei denen noch dazu Prälaten und Pfarrer in Spitzenpositionen mitmischten. Auch in der republikanischen Demokratie wurde die katholische Kirche vom Volk mit Herrschern und Regenten identifiziert.

Die Allianz zwischen Hochaltären und politischen Thronen wurde erst in der Zweiten Republik nach 1945 abgebaut. Das war das historische Verdienst von Kardinal Franz König, der bei der Scheidung dieser Ehe von Kirche und Staat systematisch, klug und behutsam vorging und sich trotzdem bei jenen, denen das jahrhundertealte Bündnis in Fleisch und Blut übergegangen war, den Vorwurf des Verrats („roter Kardinal") zuzog. Die Armen ahnen nicht, was noch alles auf sie zukommt, bis diese Trennung eines Tages konsequent umgesetzt und die Kirche vielleicht materiell ärmer, aber freier sein wird, ihren Auftrag zu erfüllen! Für heute müssen wir uns damit abfinden, dass die Untertanenhaltung in Ländern, in denen die Entwicklung so oder ähnlich verlaufen ist, die Unterwürfigkeit gegenüber autoritären Machtstrukturen erkennbar fördert – bei einfachen Gläubigen und nicht zuletzt auch bei Bischöfen. Das verschärft aber den Konflikt zwischen jenen, die etwas reformieren, und den anderen, die partout nichts ändern wollen.

Zu hohe Erwartungen nach dem Konzil

Niemand, der die damalige Situation nicht selbst erlebt hat, kann sich heute die Aufbruchstimmung vorstellen, die mit der Ankündigung und Durchführung des Zweiten Vatikanischen Konzils verbunden war, das zwischen 1962 und 1965 in Rom tagte und mit jeweils großen Mehrheiten 16 Dokumente verabschiedete, die das Gesicht der Kirche von Grund auf verändert haben. Einen „Sprung nach vorn" weissagte der mutige Einberufer-Papst Johannes XXIII. Einen „Riesendurchgang des Heiligen Geistes in unserem Jahrhundert" bestätigt der Innsbrucker Diözesanbischof Alois Kothgasser im Rückblick diesem Ereignis. Wohl waren kirchentreue Jugendliche gleich nach 1945 in heute unvorstellbar großen Scharen singend durch die Straßen marschiert („Christus, mein König, dir allein schwör ich die Liebe, stark und rein"), aber nun wussten diese jungen Menschen, dass sie für eine vitale, kraftvoll auftretende, die Fantasie auch vieler Nichtkatholiken entfesselnde Kirche ihre Fahnen schwangen.

Plötzlich stand vor den Augen der Welt ein rundlicher alter Mann in weißen Gewändern, der die Popularität führender Staatsmänner vom Rang eines John F. Kennedy auf den Platz verwies, einer Kirche vor, die nicht mehr verzopft und altmodisch rückwärts blickte. Sie hatte Fenster und Tore aufgestoßen – zu den anderen christlichen Kirchen, zu anderen Religionen, zur Welt und selbst zu weltanschaulichen Gegnern hin. Dialog wurde zum Bestimmungswort des neuen Geistes: „Wir reden mit allen und über alles!“, hieß die Botschaft der erneuerten Kirche. Und wir reden wie Gleichwertige miteinander, nicht wie Anschaffer mit unmündigen Auftragsempfängern!

In manchen Ländern Europas war die Freude in gewisser Hinsicht doppelt groß. Die vom Konzil beschlossene Liturgieerneuerung (Hauptmerkmal: Volkssprache statt Latein) war von französischen Benediktinern und in Österreich durch die volksliturgische Bewegung des Augustiner Chorherren Pius Parsch vom Stift Klosterneuburg längst vorbereitet worden. Man sah sich durch das Konzil in einer Vorreiterrolle ebenso bestätigt wie etwa in der Aussöhnung der Kirche mit der politisch „andersfarbig“ vertretenen Arbeiterschaft, wie sie in Österreich Kardinal König betrieb.

Franz König, der niederösterreichische Bauernsohn auf dem Erzbischofstuhl von Wien, verkörperte in geradezu idealer Weise die Zielsetzungen des Zweiten Vatikanischen Konzils und wurde daher von den Konzilspäpsten Johannes XXIII. und Paul VI. vielfach zu deren Umsetzung herangezogen: als diplomatischer Vermittler zu den orthodoxen und altorientalischen Kirchen, aber auch zu deren kommunistischen Machthabern hin, als Leiter des neuen Vatikan-Sekretariats für die Nichtglaubenden, als Gesprächspartner von Wissenschaftlern, als mahnendes Gewissen in Gesellschaft und Staat. Er war in manchem dem Konzil vorangegangen. Er spielte während des Konzils bei der Abwehr von Bremsern und Konzilsgeistverfälschern zusammen mit Kardinal Joseph Frings aus Köln, dem überragenden Vorsitzenden der Deutschen Bischofskonferenz, und anderen erneuerungswilligen Oberhirten eine bestimmende Rolle. König tat sich leicht, seinem Kirchenvolk die Konzilsbeschlüsse zu „verkaufen“, und er ließ die Gunst der Stunde auch niemals ungenutzt. Die deutschsprachigen Länder setzten Vaticanum II im Großen und Ganzen ohne Widerstand und Vorbehalt um und irgendwie erschien es den davon Betroffenen zunächst als unaufhaltsames, unumkehrbares Geschehen, das von so viel Beifall und Zustimmung begleitet war, dass niemand so richtig widersprechen wollte. Vielleicht ist genau das ein Fehler gewesen.

Denn natürlich war in vielen ein Unbehagen lebendig – beim einfachen Volk ebenso wie bei manchen Konzilsvätern und besonders auch bei einigen starken Kurienkardinälen. So galt Kardinal Alfredo Ottaviani, der Präfekt der Glaubenskongregation, als großer Gegenspieler von Kardinal Frings. Diesem stand mit Univ.-Prof. Joseph Ratzinger ein theologisch hochgradig gebildeter Konzilsberater zur Seite, der die progressiven Zielsetzungen von Frings so wohl zu begründen wusste wie später, als er selbst das Amt Ottavianis bekleidete, gegenteilige Positionen von Johannes Paul II.

Aber entscheidend war damals: Man erlebte, wie Kräfte des Bewahrens und Kräfte des Vorwärtsdrängens miteinander rangen und wie sich die Kräfte der Zukunft überall mühsam, aber doch eindeutig durchsetzten. Man erlebte sozusagen den Heiligen Geist im Hin- und Herwogen der Argumente und nicht, wie man sich das bisher so vorgestellt hatte, im majestätischen Landeanflug, von Blasmusikkapellen und winkenden Kardinälen erwartet. Idee, Verlauf und Ergebnisse des Konzils weckten die Schläfer, stärkten die Glaubenden, interessierten auch die Distanzierten und machten die schon Hoffenden glücklich: Die römische Kirche hatte den Glanz geheimnisvoller Vollkommenheit verloren, aber dafür das viel wichtigere Siegel der Zukunftstauglichkeit erworben. Eine Sternstunde ihrer Geschichte. Ihr glanzvollstes Aushängeschild im 20. Jahrhundert. Aber auch ein unerfüllbares Versprechen.

Man hätte es wissen sollen. Hochgespannte Erwartungen, alles würde nun weitergehen wie in diesen drei Jahren, konnten nicht erfüllt werden. Bei der Eröffnung des Konzils hatte Johannes XXIII. einen „Sprung vorwärts" zu „vertieftem Glaubensverständnis" und „Gewissensbildung" in Aussicht gestellt. Bald waren die Sehnenschneider, Fallensteller und Grubenschaufler zur Stelle, um neue kühne Sprünge zu verhindern. Eine rechtzeitige offene Austragung verbliebener Differenzen hätte manche spätere Verwirrung vielleicht verhindert.

Die Bremser und Uhrenversteller

Von offizieller Seite war zunächst kaum öffentlicher Widerstand zu hören. Aber im einfachen Kirchenvolk kam da und dort ein erstes Murren auf, als Volkssprache und rhythmische Messen die Kirchenhäuser auch nicht wieder füllten. Die alte lateinische Messe fehlte vielen, und dass Paul VI. den tridentinischen Messritus ganz verbat, war ein kapitaler und theologisch nicht im Geringsten erforderlicher Fehlgriff. Die allgemein üblich werdende Handkommunion verstimmte Traditionalisten, die sich zu der Vorstellung nicht durchringen konnten, Gott suche den Menschen und nicht bestimmte Körperteile. Bei Helmut Krätzl („Im Sprung gehemmt", 1998) kann man nachlesen, wie ihm noch die „Kunst des Zelebrierens" beigebracht worden war: wie hoch die Hände beim Gebet zu halten waren und mit welchen Fingern der Priester die Hostie berühren durfte …

Aus solchem Geist stammt viel von den formalistischen Protesten, die heute von „Fundis“ in der katholischen Kirche jeder noch so unwesentlichen Änderung entgegengesetzt werden. Als Erzbischof Marcel Lefèbvre, dem das ganze Konzil unheimlich gewesen war, solche Widerstände bei Minderheiten des Kirchenvolks bemerkte, machte er daraus ein offizielles Anliegen und forderte den Papst so lange heraus, bis dieser ihn 1998 aus der Kirche ausschließen musste. Das Ereignis wurde aber von vielen als negatives Konzilsergebnis wahrgenommen: Der Schwung war gebrochen.

Viel stärker ins Gewicht fiel freilich eine andere Entwicklung: Viele Priester und auch Ordensleute, die das Konzil als Befreiung empfanden, rechneten mit baldigen weiteren Erleichterungen und verließen, als diese nicht eintrafen, die Kirche. Damals kursierte der Witz, ein älterer Pfarrer habe seinen Kollegen gefragt, ob sie wohl auch noch das Fallen des Pflichtzölibats erleben würden. „Wir nicht“, sagte darauf sein Freund, „aber unsere Kinder.“ Als aber Priester in Scharen ihre bis dahin geheimen Beziehungen oder auch nur Sehnsüchte erstmals offen zur Schau trugen, verließ auch Halbmutige im Vatikan wieder die Courage und sie griffen, statt konsequent den Weg der Erneuerung fortzusetzen, zunehmend wieder zu Mitteln der Disziplinierung.

Papst Paul VI. versuchte noch durch großzügige Gewährung von Rückversetzungen in den Laienstand die Auswanderung vieler Priester aus dem geistlichen Stand zu entdramatisieren. Johannes Paul II. behielt sich alsbald jeden Einzelfall zur genauen Prüfung vor, sodass manche Laisierungsansuchen zehn und mehr Jahre in Rom unerledigt liegen blieben. Die dahinter stehende Überlegung war: Vielleicht kühlt sich das heiße Blut des Pfarrers mit der Zeit wieder ab und er kehrt reuig in den Schoß der Mutter Kirche zurück! Dass aber eine viel größere Zahl von Priestern mit schlechtem Gewissen heiratete, Familien gründete und auf den Segen der Kirche verzichten musste, focht diesen Prinzipienpapst nicht an. Der Innsbrucker Bischof Reinhold Stecher, der dadurch das „Image der Barmherzigkeit“ vom Papst weichen sah, war der menschlichen Wirklichkeit ungleich näher als jene, die sich hierauf nicht genug über einen Bischof entrüsten konnten, der Fehler an einem Papst wahrnahm und dann auch noch aussprach!

„Das Lefèbvre-Schisma war ein Unglück, aber ein noch größeres richtete Papst Paul selbst mit an“, schrieb die schwedische Literaturwissenschaftlerin und theologische Autorin Gunnel Vallquist und meinte das Papstrundschreiben „Humanae vitae“ von 1968, in dem viel Gutes und Schönes über Ehe und Liebe nachzulesen ist, aber eben auch der Satz, der sich als einziger in der Erinnerung der meisten gehalten hat: nämlich dass jeder eheliche Geschlechtsakt (und andere sind sowieso nicht erlaubt) „prinzipiell für die Zeugung menschlichen Lebens offen sein“ müsse. Den Konzilsvätern hatte der Papst verboten, die Frage der Empfängnisregelung zu diskutieren, und sich eine Entscheidung selbst vorbehalten.

Eine Kommission, bestehend aus Bischöfen, Theologen, Ärzten und Eheleuten, sprach sich mit 60 gegen sieben (andere Auskunft: vier) Stimmen dafür aus, die so genannte künstliche Empfängnisregelung freizugeben. Unter den „Widerständlern“ befanden sich die Kardinäle Ottaviani und Wojtyla (der spätere Johannes Paul II.). Paul VI. schloss sich nach einer Schlussrunde mit Kurienkardinälen dem Minderheitsvotum an. Hauptargument: Das Ansehen des Lehramtes, das bisher diese Linie vertreten hatte, würde durch eine plötzliche Änderung Schaden nehmen. Wie oft das kirchliche Lehramt im Lauf der Geschichte schon Positionen geändert hat, kann man weiter hinten in diesem Buch nachlesen. Tatsache ist: Eine Änderung in diesem Punkt hätte dem Lehramt und der Kirche insgesamt jubelnden Beifall eingetragen. Das Beharren auf fraglicher „Kontinuität“ hat ihr mehr geschadet als irgendeine andere Entscheidung des 20. Jahrhunderts.

Nach dem Urteil des Innsbrucker Moraltheologen Hans Rotter SJ stimmen 70 Prozent der Beichtväter, 80 Prozent der katholischen Eheleute und 90 Prozent der Moraltheologen dieser Entscheidung nicht zu, weil es einfach nicht einleuchtet, dass (laut Konzil) der Erweis gegenseitiger Liebe als Ehezweck der Fortpflanzung gleichwertig ist, bei Beurteilung des einzelnen ehelichen Aktes aber plötzlich die alte Zeugungsbesessenheit der katholischen Morallehre wieder voll (und unbegründet) durchbricht.

Verschüttete Milch von gestern. Aber Tatsache bleibt: Ein Papst und nicht auf „Beliebigkeitsmoral“ versessene Gläubige oder böse Kirchenreformer oder Skandalmedien haben diese Axt in den Stamm der mächtigen Eiche „Kirchenautorität“ getrieben, deren Äste seither welken und verdorren. „Humanae vitae“ hat die konziliare Aufbruchstimmung in der katholischen Kirche dauerhaft beschädigt. Dass Paul VI. im Nachhinein daran sehr gelitten hat, ehrte seine hamletische Empfindsamkeit. Subjektiv von besten Absichten geleitet, objektiv mit anerkennenswerten Leistungen ausgewiesen, ist Paul VI. sicher durch ein Spalier flötenblasender Engel in den Himmel eingezogen. Den Überlebenden aber hat der Heilige Geist, indem er solches zuließ, wieder einmal klargemacht, dass kirchliches Lehramt im Zeitalter mündiger Christen nicht wider alle Vernunft und Einsicht gegen das Kirchenvolk ausgeübt werden darf.

Paul VI. hat sich neben anderem mit einer umfassenden Reform der römischen Kurie, also der Zentralverwaltung der katholischen Kirche im Vatikan, verdient gemacht. Die Einrichtung von Bischofssynoden, einer Art verkleinerter, weil nur aus wenigen Vertretern aus jedem Land bestehender „Konzilien“, sollte die Arbeit des Papstes erleichtern und ein Mitspracherecht der Ortskirchen in wichtigen Fragen sichern. Zwischen 1967 und 1999 haben zehn ordentliche, zwei außerordentliche und acht regionale Bischofssynoden stattgefunden – zu wichtigen Themen, mit namhaften Teilnehmern und achtenswerten Diskussionsbeiträgen. Weitergebracht haben sie in der Kirche wenig, weil ihnen eines fehlt: Beschlusskraft.

Im Kirchenrecht wird die Synode vor dem Kardinalskollegium und der Kurie behandelt, in Wirklichkeit steht sie tief unter diesen. Sie kann den Papst nur beraten, ihm lediglich Vorschläge machen, und er braucht abweichendes Handeln gar nicht zu begründen. Schlimmer noch: Die Kurie fertigt die Protokolle an, und was der Papst von vornherein gar nicht hören will, bleibt in diesen unerwähnt oder wird geschönt. Oft schon haben sich Synodenteilnehmer gegenüber verfälschenden Darstellungen in Synodenprotokollen verwahrt. Das ist einer jener Fälle, wo man am gebotenen Mut vieler Bischöfe zweifeln muss, von denen zu erwarten wäre, dass sie sich einer solchen Manipulation geschlossen und mannhaft (so heißt es doch?) widersetzen. Durch Zähneknirschen und verbissenes Schweigen aber tragen sie dazu bei, dass ihre eigene Autorität untergraben, der Einfluss der Ortskirchen weiter geschwächt und die zentrale Kirchenleitung immer stärker verdächtigt wird, massiv an dem Versuch beteiligt zu sein, die Uhren der Kirchenzeit im Vatikan wieder zurückzustellen.

Die zaghaft erwachenden Widerständler

Das Unbehagen über die neuen zentralistischen Tendenzen in der katholischen Kirche wurde zunehmend greifbar. Alle, die für Aufbruch in die Zukunft gefochten hatten, verfolgten die Brems- und Umkehrmanöver mit Sorge und zaghafter, aber doch erwachender Widerstandsbereitschaft. Es liegt in der Natur der Sache, dass einer breiteren Öffentlichkeit weniger die Scharmützel und Gefechte zwischen der römischen Glaubenskongregation und aufmüpfigen Theologen (deren tapferer Widerstand dennoch dankbar vermerkt sei!) als vielmehr Auseinandersetzungen um unpopuläre Bischofsbestellungen ins Bewusstsein traten. Solche gab es zuerst in den Niederlanden, wo fantasievolle Erneuerer (der „Holländische Katechismus" von 1966 ist leider nur noch eine schöne, ferne Erinnerung ...) abrupt gestoppt werden mussten: Der Episkopat wurde innerhalb weniger Jahre traditionalistisch eingefärbt. Dann wurden die wichtigen Sitze nordamerikanischer Erzbischöfe und Bischöfe „umgedreht". Ähnlich wurde bei Bischofsernennungen in Lateinamerika vorgegangen.

In allen diesen Ländern war der geistige Widerstand groß, aber nach außen getragene Opposition bisher nicht üblich gewesen. Eine solche regte sich ausgerechnet dort, wo die Reichsabhängigkeit der Kirche unterwerfungsgeneigte katholische Untertanen herangezogen hatte: in Österreich. Freilich war man in puncto Bischöfe vom Kaiser verwöhnt worden: Franz Joseph I. hatte in Wahrnehmung des landesfürstlichen Nominationsrechtes nach gründlichen Beratungen dem Papst immer sehr ordentliche Kandidaten zur Bestellung vorgeschlagen. (Er kannte diese ja auch besser als die durch Österreich reisenden polnischen Prälaten, die in den Achtzigerjahren diese Vorschlagsrolle übernahmen.) Ein Bischof Groër oder ein Bischof Krenn wären dem Kaiser nicht passiert.

Dem Papst im Rom „passierten" sie auch nicht, sondern der wollte sie partout haben: Kurt Krenn eigentlich als Erzbischof von Wien (aber das hat, wie man heute mit Sicherheit vermuten darf, Kardinal Ratzinger verhindert, der ihn von der Universität Regensburg her kannte) und Hans Hermann Groër als seiner Meinung nach zweitbeste Wahl für Wien, auch wenn sich diese später als Katastrophe herausstellen sollte. Heftig umstritten waren auch die Bischofsernennungen für Feldkirch (Klaus Küng) und Salzburg (Georg Eder und Andreas Laun) sowie die Berufung von Bischof Krenn nach St. Pölten, sodass sich in Österreich innerhalb weniger Jahre mehr innerkirchlicher Zündstoff ansammelte als anderswo.

Im deutschsprachigen Raum erregten außerdem vor allem die Bischofsbestellungen für die Schweizer Diözese Chur (Wolfgang Haas) und das deutsche Vorzeigebistum Köln (Joachim Meisner) kräftigen Widerspruch. In beiden Fällen wurden betont traditionalistische Bischöfe gegen den wohl bekannten Willen der jeweiligen Ortskirche ernannt – auch knapp an der Grenze des rechtlich gerade noch Möglichen. Die Schweizer entwickelten ein kluges Modell zähen und vor allem wirksamen Widerstands, was ihnen der Umstand erleichterte, dass bei ihnen der Geldfluss von unten nach oben geht, in anderen Ländern aber umgekehrt läuft. Die deutschsprachigen Schweizer Pfarrgemeinden können einen Bischof „aushungern" – anderswo kann eher der Bischof mit seinen Pfarrern so verfahren.

Als Bischof Haas schließlich überraschend zum Vorsteher eines neu geschaffenen Erzbistums Liechtenstein ernannt wurde, machte man sich auch in Österreich Hoffnungen, aber offenbar falsche – der Vatikan ist sehr darauf bedacht, solche nicht ausufern zu lassen. Wie es heißt, gibt es rund 40 Problemfälle in der Welt, wo eine Diözese einen Bischof unbedingt loswerden möchte. Wenn zwei ihr Ziel erreichen, werden, so fürchtet man offenbar, die anderen 38 nicht mehr zu halten sein.

In Österreich kam im Fall Groër auch noch ein Skandalisierungsfaktor dazu, den andere nicht geliefert hatten: Vorwürfe wegen sexuellen Missbrauchs abhängiger Jugendlicher durch den späteren Erzbischof von Wien. Die behaupteten sittlichen Verfehlungen liegen lange zurück, sind rechtlich verjährt und hätten für einen staatlichen Prozess keine Handhabe geboten. Es ist aber auch nicht so, dass Kardinal Groër deshalb den Schutz der juristischen Unschuldsvermutung verdiente. Er hätte klipp und klar sagen müssen: Stimmt, tut mir leid, verzeiht mir! (Man hätte.) Oder: Alles erlogen, ich klage wegen Verleumdung! Oder: Eine kirchliche Untersuchungskommission soll alles klären!

Er aber beklagte sich nur über die Gemeinheit der Vorwürfe, ohne diese ausdrücklich zu bestreiten. Vorgetragen wurden sie immerhin von einer Reihe ehemaliger Klosterzöglinge und Novizen, die mit ihrem Namen und Gesicht für ihre Anklagen einstanden und diese Anklagen nur erhoben, weil Groër-Verteidiger so hartnäckig jede Schuld bestritten. Und jenen, die sich daran stoßen, dass Verfechter einer vorurteilsfreien Bewertung von Homosexualität sich an der Verurteilung Groërs beteiligten, ist in Erinnerung zu rufen, dass Homosexualität unter zustimmenden Erwachsenen etwas anderes ist als die Verführung Jugendlicher durch einen Erzieher, der sie sex- und machthörig machen will.

Genug des Falles Groër. Genug bekamen ja auch die meisten anderen Bischöfe von ihm und vier von ihnen forderten angesichts „moralischer Gewissheit", dass an den Anschuldigungen etwas dran sei, zu Beginn des Jahres 1998 endlich ein Handeln des Vatikans. Dieses ließ noch immer auf sich warten, aber der bevorstehende dritte Papstbesuch in Österreich im Juni 1998 erzwang es dann doch. Die Entschuldigung Groërs im skurrilen Bedingungssatz („Falls ich gekränkt haben sollte ...") und die „Verbannung" des Kardinals in ein deutsches Frauenkloster für ein paar Monate sollten die Amtsbrüder schon damals vor überzogenen Hoffnungen auf ein Eingreifen des Papstes gewarnt haben.

Lange vor dieser halbherzigen „Lösung“ des Falles Groër war aber einigen kirchenseitig frustrierten Frauen, Religionslehrern, Pfarrern und engagierten Laien der Kragen geplatzt. Sie initiierten unter Führung des Innsbrucker Religionslehrers Thomas Plankensteiner ein „Kirchenvolks-Begehren“ und sammelten innerhalb weniger Wochen im Juni 1995 über eine halbe Million Unterschriften für folgende Zielsetzungen: Überwindung von Klüften zwischen Klerus und Laien, Mitwirkung der Ortskirche an Bischofsernennungen, Diakonat und Priesterweihe für Frauen sowie Mitentscheidung von Frauen in allen kirchlichen Gremien, Gewissensbetonung in Fragen der Sexualmoral (besonders auch der Empfängnisregelung), keine Gleichsetzung von Verhütung und Abtreibung, mehr Menschlichkeit bei der Beurteilung von vorehelichen Beziehungen, Homosexualität usw., Betonung auch anderer Themenschwerpunkte in der Moral, mehr Ermutigung und Solidarität statt Angst machender Normen, Versöhnungsbereitschaft mit Menschen, die einen neuen Anfang setzen möchten (wieder verheiratete Geschiedene, verheiratete Priester).

Das Ergebnis überraschte auch Optimisten. Mehr als 500.000 Unterzeichner, das war fast die Hälfte der regelmäßigen Sonntagsmessebesucher. Natürlich fehlte es nicht an Einwänden („keine ordentliche Rechtsgrundlage“, „keine Veröffentlichung der Unterschriften“, „Nichtkatholiken mischten mit“ u. ä.). Aber für Nichtkatholiken war eine eigene Spalte vorgesehen, in die sich drei Prozent eintrugen, und eine nachträgliche Prüfung der Unterschriften der Diözese Graz ergab Doppelunterfertigungen von weniger als einem Prozent. Außerdem zeigten mehrere professionelle Meinungserhebungen, dass sämtliche Forderungen dieses Kirchenvolks-Begehrens nicht nur in der Gesamtbevölkerung Österreichs, sondern auch unter den praktizierenden Katholiken und Katholikinnen mehrheitsfähig waren und es geblieben sind.

Mehr noch: Das österreichische Beispiel wirkte auch international ansteckend. In Deutschland unterschrieben ein praktisch wortgleiches Begehren 1,8 Millionen Personen. In Südtirol war das Ergebnis (über 18.000 Unterschriften) respektabel, wenn auch nicht mehr so spektakulär, wie überhaupt die Unterschiedlichkeit der Voraussetzungen (Mentalität, Fehlen von Skandalen, Fehlen von vergleichbaren Referendumseinrichtungen im staatlichen Bereich) natürlich auch unterschiedliche Resultate ergab. Tatsache bleibt: Begehren des Kirchenvolks haben schon in einer Reihe von Staaten stattgefunden und in rund 20 Ländern wurden Vereinigungen gegründet, die sich als „Teil des Gewissens der Kirche" verstehen und das Anliegen wach zu halten versuchen, meist unter dem Titel „Wir (alle) sind Kirche".

Vertuscher, Verschlepper und Verniedlicher

Die Bischöfe Österreichs waren hellhörig genug, die Alarmglocken schrillen zu hören. Eilig schlossen auch sie sich der österreichischen Gewohnheitstherapie „Es muss was geschehen" an und riefen für September 1996 zu einer „Wallfahrt der Vielfalt" ins traditionelle Nationalheiligtum Mariazell auf. Kirchliche und kirchennahe Gruppen, Organisationen und Verbände unterschiedlicher Herkunft und Zurechnung sowie viele Einzelpersonen nahmen daran teil, gestalteten Fachtagungen und „Stationen am Weg", beteten und feierten miteinander – die Stimmung war gut, Handreichungen und Umarmungen bezeugten eine wachsende Bereitschaft, den anderen und die andere in ihrem Anderssein zu akzeptieren.

Aber alle waren sich auch einig: Das war nicht das Ende, sondern eher Anfang eines langen und mühevollen Gesprächsprozesses! Der wurde von den Bischöfen im November 1996 unter dem Titel „Dialog für Österreich" ausgerufen und sollte mit diesem Namen signalisieren: Alle, auch Nichtkatholiken, auch nicht katholische Einrichtungen sind zur Teilnahme eingeladen – „reden wir von, mit und über Kirche!". Eine bischöfliche Arbeitsgruppe unter der bemühten Leitung des Wiener Weihbischofs Alois Schwarz arbeitete Themenfelder und einen Veranstaltungsfahrplan aus. Im September 1997 wurde ein „Grundtext" veröffentlicht, der konkrete Fragen enthielt, die nun österreichweit diskutiert und zu einer Entscheidungshilfe für einen gesamtösterreichischen Delegiertentag werden sollten.

Was an diesem wohl durchdachten Grundtext auffiel, war vor allem, dass er besonders wohl durchdacht war: Er enthielt die „heißen Eisen" früherer Kirchendebatten in homöopathischer Dosierung und in so sorgfältiger Verpackung, dass allein Experten in Sachen kirchliche Diplomatensprache sie ausmachen konnten. Für die meisten war das Papier nicht mehr als ein Versuch, durch hundert neue Fragen fünf oder zehn alte, die nun einmal viele erledigt sehen wollten, zu verdrängen. Wieder ein Verzögerungs- oder gar Umbringmanöver! Der Unmutspegel stieg. Das Murren schwoll neuerlich an – zumal als bekannt wurde, dass Kardinal Ratzinger die Bischöfe auf eine Aussperrung der Kirchenvolks-Begehrer gedrängt hatte.

Als die Bischöfe das neue Aufbegehren bemerkten, riefen sie dazu auf, in den Rückmeldungen zum Grundtext Themen und Probleme geltend zu machen, die zu wenig berücksichtigt worden waren. Außerdem erbaten und erhielten sie einen neuen Ratzinger-Brief, der grünes Licht für einen Dialog mit allen Reformern gab. Das Kirchenvolk verstand den Aufruf richtig und machte klar, dass es Aussagen über die Frau in der Kirche, über Sexualität, Zölibat und wieder verheiratete Geschiedene sowie mehr Mitspracherechte der Laien in der Ortskirche und der Ortskirchen in der Weltkirche erwartete. Wieder hatte der Heilige Geist zum Entsetzen mancher „da oben“ kräftig von unten geweht. Die Oberen sahen (wenigstens in großer Mehrheit) ein, dass Diskussionsverbote keine Lösung waren und legten der Salzburger Delegiertenversammlung einen inhaltlich und formal ausgewogenen, ehrlichen, seriösen Fragenkatalog vor. Das Verwirrspiel, das eine Minderheit in der österreichischen Bischofskonferenz angezettelt und mit Hingabe betrieben hatte, war zu Ende. Jetzt lagen die Karten auf dem Tisch.

Zur gemeinsamen Überzeugung, dass es keine gezinkten Karten waren, hatte das letzte Jahr der Vorbereitung zwischen Herbst 1997 und Herbst 1998 noch einen wesentlichen Beitrag geleistet. Wieder fanden Fachtagungen statt, bei denen nicht doziert, sondern wirklich diskutiert und argumentiert wurde. Gesellschaftspolitik kam zur Sprache (Armut, soziale Gerechtigkeit, Arbeitslosigkeit, Medien, Sonntagskultur, Frauenrolle, Familie), aber auch moderne Wissenschaft und ihre Konsequenzen (Biotechnik) und vieles, was die gesamte Gesellschaft angeht (Seele Europas, europäische Sicherheitspolitik, internationale Solidarität, Euthanasie). Besondere Aufmerksamkeit fanden die gründlichen Aussprachen mit den politischen Parteien, bei denen jeweils mehrere Bischöfe und andere ranghohe Kirchenvertreter mit den Parteispitzen von SPÖ, ÖVP, FPÖ, Grünen und Liberalen offen diskutierten. Aber auch innerkirchliche Themen wurden noch einmal gründlich aufbereitet: Rolle der Laien, Wesen des Dialogs, Amtsverständnis, Frauendiakonat, Gemeindeleitung, Umgang mit Macht, Sex und Geld.

Die vielen Baumeister der Kirchenkrise waren erstmals erkennbar auf dem Rückzug. Hatten sie ernsthaft über ein Wort der evangelischen Theologin Dorothee Sölle nachgedacht? „Wir leben in einer Zeit", schrieb diese (zitiert bei Ringel/Kirchmayr, Religionsverlust durch religiöse Erziehung", 1985), „da der Glaube an Christus am meisten durch jene gefährdet wird, die ihn besorgt bewahren wollen."

Halleluja in Salzburg, Requiem in Rom

Der Salzburger Delegiertentag, eine Versammlung von knapp 300 Personen, die allesamt von Bischöfen eingeladen worden waren, entzündete im Oktober 1998 eine ganze Sprengladung von gutem Willen in dieser geplagten Rom-Kirche von Österreich. Alle kamen in bester Absicht hin und verließen die Veranstaltung nach der gemeinsamen Eucharistiefeier in Maria Plain in Euphorie. War der Durchbruch gelungen? Bischof Johann Weber, der den plötzlich an Lungenembolie erkrankten Kardinal Schönborn vertrat, hatte durch seine schlichten Worte zum Auftakt und freundliche, aber bestimmte Interventionen in kritischen Momenten viel zu Stimmung und Ablauf beigetragen. Das Arbeitsdokument erwies sich ebenso wie die Prozedurregeln als tragfähige Brücke für eine Ergebnisfindung.

Dass die Delegiertenversammlung nicht als Synode nach dem Kirchenrecht eingerichtet worden war, bot ihr Freiraum innerhalb vereinbarter Leitplanken. Jede der zwölf Arbeitsgruppen konnte durch Abstimmung aus der Fülle der eingelangten Themenvorschläge die drei wichtigsten bezeichnen. Auf diese Weise kamen alle Anliegen des Kirchenvolks-Begehrens mit Ausnahme der Frauenpriesterweihe und der Abschaffung des Pflichtzölibats für Weltpriester ins Plenum. Dort dann die große Überraschung: Für alle zur Debatte gestellten Schwerpunkte gab es in geheimer Abstimmung massive Mehrheiten zwischen 72 Prozent (erwerbsunabhängige „Grundsicherung“ für alle Staatsbürger) und 100 Prozent (Ablehnung aktiver Sterbehilfe, Rettung des arbeitsfreien Sonntags). Kampfthemen gingen mit klaren Mehrheiten über die Bühne: 75 Prozent für die Zulassung bewährter verheirateter Männer („viri probati“) zur Priesterweihe, 79 Prozent für Frauendiakonat, 98 Prozent für Informieren und Helfen zur Bekämpfung der Abtreibung, 89 Prozent für eine Mitsprache des Diözesanvolks bei Bischofsbestellungen. Auch die Forderung nach einem ökumenischen „Sozialwort“ christlicher Kirchen (96 Prozent) erhielt deutliche Zustimmung.

Die Delegierten taten ihre Meinung auf ebenso einfache wie klare Weise kund: Zuerst drückten alle Anwesenden einen Knopf ihres elektronischen Abstimmungsgeräts und lieferten so die Grundlage für die Ermittlung der Stimmberechtigtenzahl. Dann wurde ihnen Punkt für Punkt die Themenliste vorgelegt: Wer auf den Knopf drückte, brachte ein Ja zur Wichtigkeit des Themas zum Ausdruck, wer nicht drückte, sagte Nein. Zwischen 260 und 287 Delegierte hatten getan, was Konzilsteilnehmer seit 2000 Jahren tun: durch Abstimmen eine Willenskundgebung innerhalb der Kirche zum Ausdruck bringen. Und sämtliche Bischöfe Österreichs mit Ausnahme des erkrankten Wiener Kardinals hatten ihnen zwei volle Tage lang aufmerksam zugehört.

„Why can't it happen here?“, wollte der „National Catholic Reporter“ wissen, dessen Kommentarchef John L. Allen Jr. die ganze Veranstaltung persönlich verfolgt hatte und sie in der US-Wochenzeitung dann hymnisch beschrieb: Österreichs Katholiken hätten einen „dramatischen Schritt in Richtung Reform“ getan und seien so „ein Modell für Reformgruppen in der ganzen Welt“ geworden. Erreicht hätten sie diesen gewaltigen Erfolg durch maßvolles Auftreten, das es den Bischöfen ermöglicht habe, ohne Gesichtsverlust allen Vorstellungen zu lauschen. Und das Zweite, das den Gast aus den USA faszinierte: dass sich die Vermutung, hier stünden einander zwei annähernd gleich starke Gruppen von Erneuerern und Bremsern gegenüber, als Irrtum erwies: Große Mehrheit stand gegen klare Minderheit – in einer von Bischöfen zusammengesetzten Versammlung!

Das löste in der Tat viel Freude in Österreich aus. Und es irritierte die bischöflichen Gegner des Reformprozesses sehr. In der Versammlung hatten drei Bischöfe relativ maßvoll Bedenken angemeldet: Andreas Laun, Kurt Krenn und Klaus Küng. Wenig später war nichts mehr maßvoll, sondern das Maß voll. Beim vorgeschriebenen Berichtsbesuch der österreichischen Bischöfe im Vatikan im November 1998 distanzierte sich Bischof Krenn offiziell vom Fünf-Jahre-Bericht, den Kardinal Schönborn dem Papst und führenden Kurienkardinälen übergab, und damit auch vom Bericht über den Salzburger Delegiertentag. Formelle Gründe wurden vorgeschoben, aber der Vatikan verstand die Distanzierung schon richtig: Eigentlich wollte sich der streitlustige Bischof von St. Pölten von Teilen des Inhalts absetzen, was ihm konsequenterweise eine römische Eins eintrug. Schönborn, über diese blamable Disziplinlosigkeit empört, murmelte etwas von „Konsequenzen", einer aus dem begleitenden Journalistentross versorgte seine Tageszeitung in Wien mit einem einschlägigen Aufmacher, worauf Krenn vom Petersplatz in Rom aus „den Lügnern" via Fernsehen das „Maulhalten" gebot.

Der Megakrach war da. Er setzte sich fort in einer außerordentlichen Bischofskonferenz in Salzburg. Es soll zu Auseinandersetzungen gekommen sein, die auch zu 90 Prozent Gehörlose noch verstanden hätten. Der Sekretär der Bischofskonferenz trat zurück, weil für ihn die Grenze der Zumutbarkeit überschritten war. Der „Geist von Salzburg" war zertrampelt, das Kirchenvolk schwankte zwischen Trauer, Wut und Zorn.

Erste Stimmen wurden vernehmbar, dass man einer solchen Kirche die staatlichen Privilegien entziehen sollte. Diese Stimmen wurden lauter, als – völlig unabhängig von diesem Geschehen – anlässlich der Zulassung einer neuen Abtreibungspille eine neue Debatte über den Schwangerschaftsabbruch entbrannte. Traditionalistische Bischöfe schlugen scharfe Töne an, in denen auch das Wort „Strafe" nicht fehlte. Wieder hatten sich Spitzenvertreter der katholischen Kirche ein Kriegsthema ausgesucht, bei dem es kein Gewinnen gab: Zwei von drei Österreicher/inne/n sind dafür, auch in dieser Frage das Gewissen der Betroffenen entscheiden zu lassen. Der unbarmherzige Ton der eifernden Bischöfe stieß auch manche Abtreibungsgegner ab und veranlasste die Kardinäle König und Schönborn zu einer versöhnlichen Erklärung, die unter dem Motto „Helfen statt strafen" stand. Dass in der Schweiz zur selben Zeit über die Einführung der Fristenregelung und in Deutschland über den vom Papst angeordneten, von der Ortskirche aber mehrheitlich abgelehnten Ausstieg aus der staatlichen Schwangerenberatung diskutiert wurde, entwickelte sich zu einer neuen Belastung für die Kirche.

Die Leidenschaften waren entfesselt, der Scherbenhaufen angerichtet, die katholische Kirche in dieser Frage selbst nicht ganz eines Sinnes, die „Konkurrenz" herausgefordert: Das Angebot eines Superintendenten des Helvetischen Bekenntnisses, heimatlos gewordene Katholiken wären willkommen, hat auch das in Österreich traditionell warmherzige ökumenische Klima kurzfristig etwas abgekühlt. „Dies irae, dies illa": Die Halleluja-Fanfaren von Salzburg waren endgültig in die düstere Requiemsklage über „jenen Tag des Zornes" umgeschlagen, den Gott verstockten Sündern bereitet. In der Tat war die Entwicklung der Kirchenkrise jetzt wirklich nicht mehr nur mit „Pech" und „Unglück" zu beschreiben.

Dialog über den Fußabstreifer

Am 5. Januar 1999 brachen Österreichs Bischöfe ermattet, aber nicht ganz unzufrieden vom zweiten Teil ihrer Sonderkonferenz in Linz in Richtung Heimat auf: Die Scherben der Dezember-Sitzung waren notdürftig gekittet, der Zug für die Fortführung des „Dialogs für Österreich" stand ramponiert, aber doch wieder auf den Schienen. Dass der Vorsitzende der Bischofskonferenz Kardinal Schönborn vor den Medien weniger vom relativ ausführlich besprochenen Fahrplan als von der Notwendigkeit einer „Atempause" sprach, irritierte auch einige Konferenzteilnehmer leicht, aber man wähnte sich einig in der Absicht, den Streit zu begraben und wieder an die Arbeit zu gehen.

Solches war ohne jeden Zweifel auch der feste Wille Schönborns. Aber stärker als ein Wille ist allemal der Magnetismus eines Stolpersteins. Ein solcher lag am Abend des 22. Februar in Form eines Fußabstreifers vor der Tür des Wiener Generalvikars Helmut Schüller, wenige Meter vom Schlafgemach des Kardinals im Erzbischöflichen Palais entfernt. Dort hinterlegte dieser ein Briefchen, das seinem bis dahin engsten Mitarbeiter am nächsten Morgen auf den Pantoffel fiel. Inhalt der Botschaft (hier unzulässig verknappt): „Du bist gefeuert."

Schüller war verblüfft, verwirrt, verdattert und gekränkt. Mit keinem Wort hatte der Kardinal diese Absicht ihm gegenüber persönlich geäußert, im Herbst 1998 sogar einmal ein Rücktrittsangebot zurückgewiesen. Worum also ging es? Laut Kardinal Schönborns Auskunft bei einer Pressekonferenz ging es darum, dass er selbst mehr Anteil an der Führung der Erzdiözese nehmen und diese mit stärkeren „spirituellen Akzenten" versehen wolle.

Die Erklärung klang unplausibel, da Schüller persönlich ein frommer, also durchaus „spiritueller" Mensch ist (wieder so ein Vokabel aus der volksfernen Kirchensprache!), der wohl auch über eine neue Kompetenzverteilung mit sich hätte reden lassen. Also gediehen wilde Spekulationen: Kniefall des Wiener Erzbischofs vor dem Vatikan, der durch den Nuntius Unmut über Schüllers Kritik an Bischof Krenn publik gemacht hatte? „Ganz sicher nicht", beteuerte Schönborn mit eidnahem Nachdruck. Aber auch keine Differenzen in Glaubens- oder kirchenpolitischen Fragen! Um Leitungsaspekte sei es gegangen.

Nun muss man wissen, dass Schüller, als langjähriger Caritas-Direktor medial mit praktisch unzerstörbarem Sozial-Image ausgestattet, bei der Neuorganisation der Erzdiözese Wien nicht viel feiner als Bill Gates vorgegangen war: bürokratiefeindlich, effizienz- und kostenorientiert, nicht übertrieben menschenschonend. Das hatte ihm in betroffenen Priester- wie Laienkreisen viel Unmut eingetragen. Dennoch war sich auch der Priesterrat, der in Anwesenheit Schönborns und Schüllers stundenlang über den Vorfall diskutierte, einig: Diese Vorgangsweise war unakzeptabel! In der Öffentlichkeit, wo die vom Kardinal stark unterschätzten Medien eine solide Pro-Schüller-Front erkennbar machten, waren Zorn und Verbitterung noch viel größer: Das also versteht ein Kardinal unter Dialog – Kündigung per Fußabstreifer! Kirchliche Soziallehre in Aktion! So bringt ein Konservativer einen Progressiven um!

Diese zuletzt genannte Meinung ist insofern irrig, als Schüller doktrinär sicher auch ein Konservativer ist – freilich einer, der von der Caritas und seiner Tätigkeit als Pfarrer her die Wirklichkeit kennt. Schüller kann man gewiss nicht vorhalten, die Gebote Gottes einer säkularisierten Welt anpassen zu wollen. Aber er will auch nicht Seelsorge an der Wirklichkeit vorbei betreiben. Insofern war Schüller so etwas wie eine Leitfigur für aufgeklärten Konservativismus und damit ein Hoffnungsträger für verschiedene Flügel in der katholischen Kirche

Österreichs. Im unerwarteten Kraftakt Schönborns erblickte man daher eine Absage an den bisherigen Dialogkurs.

Die Trennung von Schüller hätte auch nur als ein Auseinandergehen zweier unvereinbarer Menschentypen gesehen werden können. Aber ausgerechnet in die Woche dieses Vorfalls fiel auch eine Rede des Kardinals bei der Österreichischen Buchwoche in Frankfurt und die hatte es mindestens so in sich. In dieser Rede sprach Schönborn von einem „tiefen Unbehagen", das der (von ihm noch kurz zuvor gerühmte) „Dialog für Österreich" bei vielen hinterlassen habe. „Zu zeitgeistig" fänden diese Kritiker (kein Zweifel, dass sich Schönborn dazu zählt) viele Abstimmungsthemen, zu sehr am „Autoritätskomplex" der (neomarxistischen) 68er-Generation und ihrer Bereitschaft orientiert, um einer paradiesischen Zukunft willen alles heute Bestehende, Menschen mit eingeschlossen, zu zerstören.

Ein starkes Wort, mit dem da im Grunde kreuzbraven Betern und Arbeitern im Weinberg Gottes, die bei der Delegiertenversammlung in Salzburg ihrer Kirche zu einem menschlicheren Gesicht verhelfen wollten, das Stigma menschenverachtender Zerstörer (oder zumindest ihrer nützlichen Idioten) umgehängt wurde! Sicher war auch das wieder eine nicht beabsichtigte Kränkung. Aber die Bitte des Kardinals, an die Stelle von Kritik möge wieder mehr Vertrauen treten, war noch einmal schwerer erfüllbar geworden. Denn die Rede enthielt auch noch andere Schrecknisse: Schönborn rügt darin sogar die selbstverständliche wissenschaftliche Methode, alte Meister kritisch zu lesen, spricht abschätzig von der „sogenannten historisch-kritischen Methode der Bibelwissenschaft" (die längst auch von Johannes Paul II. abgesegnet wurde!) und nennt „Humanae vitae" von Paul VI. ein „prophetisches Wort", belegt mit einem Horkheimer-Zitat: „Verhütung ist der Tod des Eros." Eine solche Theologie ist vorkonziliar und muss insgesamt einen Schock auslösen.

Eine Krise der Glaubwürdigkeit

Vor allem eine Krise des Amtes

Eine Krise hat so gut wie nie nur eine einzige Ursache. So wie ein breiter Strom nicht nur aus einer Quelle, sondern auch aus vielen Neben- und Zuflüssen gespeist wird, hat sich auch die gegenwärtige Kirchenkrise aus vielen Elementen aufgebaut. Die einen stört das zu konservative, die anderen das zu progressive Bild der Kirche, oder besser: bestimmter Kirchenvertreter. Dann wieder ist es der Religionsunterricht, der irritiert. Das kirchliche Lehramt erscheint den einen anmaßender denn je, den anderen noch immer zu lax. In gewissen Kreisen ist der Bischof A, in anderen der Bischof B zum Inbegriff jeglicher Kirchenbosheit geworden. Wenn Bischöfe öffentlich streiten, sind so gut wie alle darüber erbost. Wenn sie nach außen hin eine Harmonie vorgaukeln, die bekanntermaßen geheuchelt ist, freilich auch. Die einen wollen die Lehre der Wirklichkeit anpassen, die anderen die Wirklichkeit der Lehre, und beides geht schief. Und der Frust wächst vor allem deshalb, weil niemand wirklich einen Ausweg weiß. Es wird ungern zugegeben, aber ist leicht zu durchschauen: Ratlosigkeit steckt hinter viel Unmut und Zorn.

Dazu kommt der praktisch immer vorhandene Ärger („Grundgereiztheit“ nennt sie ein hoher Kirchenfunktionär) über die Kirchensteuer. Diese Besonderheit in Deutschland und Österreich (wo sie korrekt Kirchenbeitrag heißt) ist ein Erbe der jahrhundertelang engen Kirche-Staat-Beziehung und hält jederzeit die Möglichkeit bereit ein Ventil in Form des Kirchenaustritts zu nutzen. Die Kirche wird als reglementierende Behörde empfunden, der man sich – wohltätige Unterscheidung zum Staat – durch Austritt entziehen kann. Austreten heißt dann: nicht mehr zahlen müssen. Manche erblicken in dieser Situation sogar den Hintergrund für die im deutschsprachigen Mitteleuropa besonders deutlich vorhandene Bereitschaft zu Protest und Streit und die im Vergleich zu anderen Ländern überdurchschnittliche Stärke der Kirchenvolks-Begehrer: Man weiß, dass man eine Sanktionsmöglichkeit in der Hand hat, und hält gerne Ausschau nach einer zweiten.

Trotzdem haben viele Frustursachen einen gemeinsamen Nenner. Immer geht es um die Glaubwürdigkeit der katholischen Kirche. Eine Kirche verliert an Glaubwürdigkeit, wenn sie strenge Gesetze predigt und im Beichtstuhl Verstöße dagegen milde beurteilt. Eine Kirche verliert an Glaubwürdigkeit, wenn ein Kardinal gegen Strichjungen wettert und sich dann selbst einschlägige Verhaltensweisen vorhalten lassen muss. Glaubwürdigkeit geht flöten, wenn Kirchenführer Liebe predigen, dann streiten, dass die Fetzen fliegen, und hinterher behauptet der Hauptstreitpartner frommen Blicks, es gebe eigentlich ohnehin keinen Konflikt. Und wenn ein Bischof mit goldenen römischen Ketten förmlich an seine Diözese gefesselt wird, die ihn so gerne im fernen Rom Karriere machen ließe, geht gleichfalls Glaubwürdigkeit drauf. Der Kardinalsbrief auf der Türmatte des Generalvikars Schüller ist dann nur noch eine Skurrilität in einem üblen Possenspiel. In allen bisher genannten Beispielen aber geht es um Amtsträger. Es ist daher nicht ungerecht, die gegenwärtige Krise der katholischen Kirche vor allem auch eine Krise des Amtes zu nennen.

Dass die Kirchenkrise nicht gleich eine Gottes- oder auch nur Glaubenskrise sein muss, bestätigt eine repräsentative Umfrage des market-Instituts in Österreich, die knapp vor Weihnachten 1998 veröffentlicht wurde. Sie hat ergeben, dass 30 Prozent der Befragten Gott in ihrem Leben „voll und ganz“

und weitere 40 Prozent „vielleicht doch“ erfahren, während nur 25 Prozent Gott nie gespürt haben wollen. Auch begegnet man viel zu vielen Menschen, die eindringlich versichern, sie fühlten sich als Christen, auch als katholische Christ/inn/en, wollten aber „derzeit“ mit der Kirche nichts zu tun haben. Auch sie haben vor allem mit Amtsträgern ihre Probleme gehabt. Auf den Punkt gebracht: Die persönliche Religiosität nimmt zu, die Bindung an die Institution Kirche nimmt spektakulär ab.

Von einer Amtskrise zu sprechen ist aber auch aus tiefer reichenden Gründen gerechtfertigt. Das kirchliche Lehramt ist an der Krise ganz ohne Zweifel erheblich beteiligt. Gerne verwendet man den Ausdruck „Rom“ oder „Vatikan“, wenn die persönliche Adresse „der Papst“ vermieden werden soll. Bisweilen wird auch die Frage aufgeworfen, ob denn der alte, kränkliche Johannes Paul II. zumindest in den letzten Jahren sich selbst nicht schon längst aus der vorderen Entscheidungsfront zurückgezogen und seinen Kurienkardinälen das Ruder überlassen habe. Mag sein, dass er sich für Details nicht so viel Zeit nimmt wie die peniblen Vorgänger Pius XII. oder Paul VI. Aber wer immer auch nur eine geringe Ahnung von Vorgängen im Vatikan hat, bezweifelt keine Sekunde lang: Der Chef weiß viel und er weiß vor allem, was er will. Wichtiges lässt er sich von keinem Mitarbeiter einreden. Er gibt Aufträge, er entscheidet, er besteht auf Durchziehen. Beim langen Festhalten an Groër und Krenn hat sich das deutlich gezeigt. Die Bischofsbestellungen sind Entscheidungen des Papstes, wer immer sie ihm empfohlen hat.

Johannes Paul II. hat aber auch sonst seine Befugnisse ausgeschöpft wie vor ihm kein Papst seit Definition des Unfehlbarkeits- und Primatsdogmas 1870. Auf eine von vielen als Besorgnis erregend empfundene Methode hat der emeritierte Kirchenrechtler der Universität Frankfurt und Domkapitular von

Limburg, Professor Werner Böckenförde, bei einem Vortrag im Oktober 1998 (zitiert nach „Orientierung“ 62/98) hingewiesen: Der Papst verkündet eine ihm wichtig erscheinende Lehre. Dann vergehen ein paar Jahre, in denen kein Bischof öffentlich widerspricht. Man weiß zur Genüge, warum: weil das eben in der katholischen Kirche nicht üblich ist und man sich als Bischof höchstens sein' Teil denkt, die in Rom aber reden läßt. „Die in Rom“ bringen dann aber nach ein paar Jahren eine Kundgebung der Glaubenskongregation heraus, wonach die Lehre des Papstes, weil in Übereinstimmung mit dem gesamten Episkopat der Welt verkündet, endgültig sei.

Tatsächlich steht im Canon 749 des Kirchlichen Gesetzbuches, dass der Papst entweder allein oder zusammen mit dem Bischofskollegium ein „definitiv verpflichtendes Urteil in Sachen des Glaubens oder der Sitte“ verkünden kann. Glücklicherweise gibt es auch noch den § 3 dieses Canon, der da lautet: „Als unfehlbar definiert ist eine Lehre nur anzusehen, wenn dies offensichtlich feststeht.“ Dieser Widerhaken bietet säumigen Bischöfen die Möglichkeit, noch im Nachhinein die Endgültigkeit eines Papsturteils anzufechten. Erfreulicher wäre es, wenn die Oberhirten schon nach Erscheinen eines ihnen nicht ganz geheuren Papsturteils Einspruch erhöben. Böckenförde kommt anhand zahlreicher konkreter Beispiele zu dem Schluss, dass der Kirchenrechtskodex 1983 „keine einschneidenden rechtlichen Konsequenzen“ aus dem Zweiten Vatikanischen Konzil gezogen, sondern den Papst konzilswidrig praktisch als Alleinherrscher festgeschrieben habe.

Eine Krise der Autorität

Die Geschichte wird zeigen, ob mit dem Anziehen der Gesetzeszügel der katholischen Kirche jener Dienst erwiesen worden ist, den ihr der Papst sicher erweisen wollte. Der Treueeid, den Diözesanbischöfe seit 1. Juli 1987 leisten müssen, verpflichtet diese u. a. dazu, dem Papst „immer treu" zu bleiben, die Vorrechte des Nuntius zu beachten, Aufträge und Ratschläge des Heiligen Stuhls „willfährig anzunehmen und mit Eifer auszuführen" und alle Verstöße gegen römische Anordnungen nach Rom zu melden.

Schon Paul VI. hatte die Kommission, die das Kirchenrecht zu erneuern hatte, wissen lassen, dass Christus nur der Hierarchie Entscheidungsgewalt zugeteilt habe; Laien fehle die Fähigkeit zur Leitung. Wer hartnäckig gegen „definitive" Lehren verstoße, ziehe sich die Exkommunikation zu. Strafe erwarte aber auch jene, die nicht als unfehlbar verkündete Lehren ablehnen. Nirgendwo wird so heiß gegessen, wie es in Rom gekocht worden ist, aber damit „tut sich eine Kluft auf zwischen dem von Rom Geforderten und dem, was in der Seelsorge praktisch geschieht", befindet Böckenförde.

Für den Treueeid, den Kardinäle, Bischöfe und jetzt auch Generalvikare, Theologiedozent/inn/en sowie Priesterkandidaten vor der Diakonweihe abzulegen haben, wurden 1990 neue Zusätze eingeführt. Zusätzlich zu Offenbarungswahrheiten müssen nun auch in der Offenbarung nicht enthaltene Glaubens- und Sittenlehren „fest angenommen" werden. Jeder Bezug aber auf Canon 212, der alle Gläubigen ermächtigt und „bisweilen sogar verpflichtet", den Bischöfen ihre „Meinung in dem, was das Wohl der Kirche angeht", mitzuteilen und „auch den übrigen Gläubigen kundzutun", fehlt in diesem Treueeid.

1990 wurde die Gehorsamsschraube noch einmal weitergedreht und öffentlicher Widerspruch zu nicht definitiven Lehramtsentscheidungen für „unzulässig" erklärt. Den Theologen, die andere Positionen vertreten, wird „schweigendes und betendes Leiden" empfohlen und die „Gewissheit" versprochen, „dass, wenn es wirklich um Wahrheit geht, diese sich am Ende notwendigerweise durchsetzt". Was freilich, wenn wirklich alle schweigen, in der Kirche Jahrhunderte dauern kann, wie man vom „Fall Galilei" her weiß.

1992 wurden die Diözesen von Rom an ihre Kontrollpflichten erinnert. 1994 wurde die „Unverfügbarkeit" der Priesterweihe für Frauen verkündet und dies von der Glaubenskongregation als „unfehlbar" eingestuft: weil die Bischöfe nicht widersprochen hatten! 1995 wurden Abtreibung, Euthanasie sowie die Tötung jedes unschuldigen Menschen für unwiderruflich unerlaubt erklärt: die erste Unfehlbarkeitsentscheidung in einer Sittenfrage! 1997 wurde vom Päpstlichen Familienrat in einem Leitfaden für Beichtväter „definitiv und unabänderlich" verfügt, dass „jeder vorsätzlich unfruchtbar gemachte" Geschlechtsakt Sünde sei – und dies, obwohl nach Herausgabe der Enzyklika „Humanae vitae" 1968 ein Sprecher des Vatikans ausdrücklich bemerkt hatte, dass es sich dabei um kein unfehlbares Dokument handle!

Ebenfalls im Jahr 1997 veröffentlichte der Vatikan Richtlinien für Diözesansynoden, die auch für synodenähnliche Veranstaltungen gelten sollten. Der Salzburger Delegiertentag 1998 fiel wohl darunter. Die Instruktion verpflichtet den jeweiligen Diözesanbischof, Thesen und Ansichten von einer Diskussion auszuschließen, die von Lehren des kirchlichen Lehramtes abweichen – auch wenn sie nur als Meinungsbilder zur Weiterleitung an den Heiligen Stuhl bestimmt seien. (Das Nichteinschreiten des Salzburger Erzbischofs Georg Eder gegen die Veranstaltung hat ja wohl bestätigt, dass keine der Abstimmungen gegen Glaubenssätze verstieß.) Ebenfalls 1997 ließ die vatikanische Instruktion über die „Mitarbeit der Laien am Dienst der Priester" (eine verräterische Formulierung) die Laien u. a. wissen, dass ihr expandierender Einsatz wohl auch am Rückgang der Priesterkandidaturen schuld sei.

Höher geht's nicht mehr? Es geht! 1998 änderte der Papst

aus eigenem Ermessen das Kirchenrecht („ad tuendam fidem“) und fügte dem Kanon über den Umfang der Glaubenspflicht für Katholik/inn/en einen Paragrafen hinzu, der daraus eine Rechtspflicht und jeden Verstoß strafpflichtig machte. Wer also etwa für eine Empfängnisverhütung oder die Priesterweihe der Frauen eintritt, könnte nach dieser Bestimmung von seinem Bischof zum Widerruf gemahnt, gegebenenfalls bestraft und im Extremfall auch von Rom zur Verantwortung gezogen werden. Im nächsten Dokument wurde festgeschrieben, dass das Papst- und das Bischofsamt göttlichen Rechtes seien, die Bischofskonferenz aber nicht: damit ja Bischöfe nicht durch gemeinsames Handeln zu stark wurden. Manche meinen nun, dass der Treueeid für Amtsträger eigentlich gleich auf die Formel verkürzt werden könnte: „Ich glaube an ‚Humanae vitae‘, die Gleichsetzung von Verhütung und Abtreibung sowie an die gottgewollte Unweihbarkeit der Frau.“

Spaßhaft ist die ganze Sache leider nicht. Die Kirche macht mit solchen Bestimmungen im Kirchenrecht heute niemandem mehr Angst, bringt aber sich selbst nicht nur bei Kirchengegnern in die Situation absoluter Lächerlichkeit. Das römische Lehramt will und kann offenbar nicht verstehen, dass heute niemand mehr mit einer Befehlskette des Inhalts zu fesseln ist: Du musst alles unfehlbar Verkündete glauben! Du musst das nicht als unfehlbar Verkündete genauso glauben! Wenn du nicht glaubst, wirst du bestraft! Keine Freimaurer-Verschwörung, keine Medienkampagne, kein Kirchenvolks-Begehren könnte die Autorität des vatikanischen Lehramtes auch nur annähernd so nachhaltig erschüttern, wie es das selbst besorgt. Das ist eine Tragödie, denn glaubhafte Autorität ist in jeder Gesellschaft notwendig und in der Kirche unverzichtbar.

Johannes Paul II. wird als bedeutender Papst in die Kirchengeschichte eingehen, weil er eine religiöse, eine soziale, eine ethische, eine politische Botschaft in die Welt getragen hat, die Millionen Menschen begeisterte und mit Hoffnung auf eine Weltordnung der sozialen Gerechtigkeit und des Friedens erfüllte. Am Zusammenbruch des sowjetkommunistischen Imperiums hatte er einen unbestreitbaren Anteil. Das alles erreichte er ohne jede Zwangsmaßnahme, nur durch Reden und Überzeugen. Die Autoritätsausübung des polnischen Papstes aber war zumindest in der Schlussphase seines Pontifikats realitätsfern, autoritär und selbstzerstörerisch.

Eine Krise des Weltverständnisses

Keine Institution der Geschichte hat in unserer Weltgegend im Lauf von Jahrhunderten so viel zur Bildung breiter Volksschichten beigetragen wie die Kirche. Lange Zeit waren Klöster die einzigen Bildungsstätten im Land. Heute noch haben katholische Schulen einen Zulauf, der keineswegs nur von katholischen Eltern ausgeht. Ihr Qualitätsruf ist immer noch groß. Unerfindlich ist, wie es kommen konnte, dass das kirchliche Lehramt daraus nicht die richtigen Schlüsse zog. Es ist doch klar, dass Menschen, denen zuerst Lesen und Schreiben, dann abstraktes Denken und Argumentieren beigebracht worden ist, heutzutage auch in Glaubensfragen nicht mehr wie unmündige Kinder behandelt werden können! Mehr noch: Nicht einmal in einer Schule mit unmündigen Kindern könnte heute ein Lehrplan mit den Methoden vermittelt werden, die die Glaubenskongregation des Vatikans anwendet: Lernbefehle und der Einsatz des Rohrstocks, wenn die Aufgabe nicht ordentlich geschrieben und nicht auch die letzte Strophe des Gedichts auswendig gelernt worden ist!

Oder waren jene ängstlichen Päpste Hellseher, die sich bis hinein in unser Jahrhundert mit Nachdruck der Einführung der Demokratie widersetzten – nicht nur in der Kirche, sondern auch im Staat – weil sie offenbar deren ansteckende Wirkung im eigenen Befehlsbereich fürchteten? Denn eines ist klar: Wer mitredet, will auch mitentscheiden! Der mündige Bürger, die mündige Bürgerin, die sich als Rechtsurheber des demokratischen Staates fühlen, wollen das Leben in ihrer Gemeinschaft mitgestalten. Und mündige Christen, mündige Christinnen, die vom „königlichen Priestertum" aller Getauften und Gefirmten (1 Petr 2,9) hören und lesen, wollen die Gestalt und das Auftreten ihrer Kirche mitbestimmen – so wie es ihre Vorfahren jahrhundertelang unangefochten getan hatten, weil Bischöfe und Päpste das ganz normal und jedenfalls nicht Furcht erregend gefunden hatten.

Kein ernst zu nehmender Mensch fordert die Bischofswahl durch alle Gläubigen einer Diözese oder gar die Briefwahl des Papstes durch eine Milliarde Katholiken. Aber schon der bescheidene Vorschlag, das Diözesanvolk in geeigneter und maßvoller Form in eine Bischofsbestellung einzubinden, wird von manchen Verteidigern alles Gestrigen als Rebellensturm auf die Festung der Rechtgläubigkeit eingestuft. Niemand möchte Glaubensgeheimnisse „demokratisieren" und der Vernunft erschließen. Aber eine Rechenschaftspflicht des Lehramtes hinsichtlich all dessen, was nirgendwo in der Bibel zu lesen ist und oft sehr deutlich frühchristlicher Praxis widerspricht, kann nicht mehr umgangen werden.

Auch Ableitungen von Geboten sind in gewisser Weise beweispflichtig. Warum die Bestimmung der Kinderzahl den Eltern, die Bestimmung der empfängnisregelnden Mittel aber dem Papst reserviert sein soll, ist für viele nicht einzusehen. Dass gegenseitiger Liebeserweis genau so ein Eheziel ist wie die Fortpflanzung, aber dennoch jeder Liebeserweis „prinzipiell" auch auf Zeugung gerichtet sein soll, widerspricht der Logik. Dass Mann und Frau von gleicher Würde vor Gott und den

Menschen, Frauen aber für immer vom Weiheamt ausgeschlossen und das Weiheamt für immer mit kirchlicher Leitungsbefugnis verknüpft sein sollen, erscheint vielen nicht plausibel. Warum nimmt der Papst bei der Begründung Zuflucht zum Willen Gottes und warum hat dessen Sohn auf Erden so beharrlich dazu geschwiegen, wenn dies alles Gott angeblich so wichtig ist? Entscheidungen dieser Art signalisieren vielen Menschen unserer Zeit einen Wirklichkeitsverlust, der alle jene schmerzt, die sich von der Kirche erwarten, dass sie den Menschen in die Zukunft vorangeht und glaubwürdige Orientierungshilfen anbietet. Versuche, die Welt neu zu konstruieren, weil sie nicht mehr ins Lehrbild des Lehramts passt, sind bisher immer erheblich peinlicher verlaufen als eine verantwortungsvolle Anpassung der Lehre an die Wirklichkeit.

Eine Krise widerstrebender Zeitumstände

Viele, die an der anschwellenden Kirchendebatte von 1998/99 teilnahmen, entdeckten in ihrer Umgebung oder sogar in sich selbst einen Widerstreit der Gefühle: Einerseits wächst die Erkenntnis, dass sich noch vieles an der katholischen Kirche ändern muss, damit sie wieder Tritt fasst in der Welt von heute und morgen. Zum anderen nimmt aber ebenso der Wunsch zu, in einer Welt des immer rascher und immer spektakulärer vor sich gehenden Wandels wenigstens in den Kirchen einen Hort der Beständigkeit und der Bewahrung des Unaufgebbaren zu finden. Beides ist logisch und einsichtig.

Die Lebensumstände erzwingen in immer kürzeren Abständen Anpassung und Preisgabe gewohnter Verhaltensweisen. Wer heute keinen Computer bedienen kann, ist irgendwie schon zum halben Außenseiter der Gesellschaft geworden. Wer seine Post vom Briefträger und nicht aus dem elektronischen Briefkasten bezieht, wirkt bereits wunderlich. Schriftliche Mitteilungen von Banken und öffentlichen Dienststellen enthalten sehr präzise Informationen, sind aber nur lesbar und verstehbar, wenn man zwei Dutzend Fachausdrücke der Insidersprache (und deren Abkürzungen!) kennt. Nicht nur die Programmierung eines Videorecorders, sondern schon die Einstellung eines simplen Radios verlangt Benutzern heutzutage technisches Feingefühl ab. Telefonieren, einkaufen, kochen, Büroarbeit, Fließbandbedienung, Schulunterricht, Viehzucht, Autofahren, Freizeitspiele – dies und tausend andere Dinge sind anders geworden, zwingen ununterbrochen zur Umstellung und Anpassung. Man kann nie genug Änderungsbereitschaft haben. Die Flut der Neuerungen überschwemmt uns alle.

Da darf man sich nicht wundern, wenn viele Menschen, und nicht nur extrem konservative, seufzend die Hoffnung äußern, dass in dieser Flut wenigstens die Kirchen nicht untergehen. Bildlich gesprochen: Wenn schon alle anderen Gebäude eines Dorfes von den Wassermassen weggeschwemmt werden, soll nicht auch noch die Dorfkirche ein Opfer dieser Fluten werden! Wir brauchen etwas zum Anhalten, das zum Unterschlupf werden kann, wenn die Welt um uns wankt und bricht. Wer die Axt an die Grundfesten einer Kirche legt, der nimmt uns diesen letzten Halt! Oder: Wenn auch die moralische Autorität der Kirchen zerstört wird, haben wir keinen Schutz mehr vor menschenfeindlichen Auswirkungen des Turbokapitalismus! Lasst diese Autorität in Ruhe! Wer sich an ihr vergreift, wirkt mit an der Zerstörung der Gesellschaft – entweder wissentlich oder als ahnungsloser Handlanger existenzbedrohender Mächte.

Bäng. Da stehen dann alle, die als Kirchenreformer auftreten, als Gesellschaftszerstörer und missbrauchte nützliche Idioten da. Vielfach kommen solche Einwände von Personen, die sich durchaus nicht im innersten Wohnbezirk der Kirche kuscheln, sondern eher als interessiert-distanzierte Beobachter zu qualifizieren wären – wenn da eben nicht der bei ihnen deutlich vorhandene Bedarf an einer Kirche als moralischer Anstalt, als Hüterin von Ordnung und Anstand wäre. Joseph II. lässt grüßen. So ist ja auch zu erklären, dass etwa die Verteidiger des Bischofs Krenn, die zu Jahresbeginn 1999 eher zahlreicher wurden, deutlich aus zwei Lagern kamen: aus der extrem rechten Ecke des Spektrums und aus dem eben beschriebenen Kreis autoritätsbesorgter Neo-Josephinisten.

Jene, bei denen die Grenze zwischen Reformverlangen und Autoritätssorge durchs eigene Herz und Hirn verläuft, haben es um nichts leichter: Sie müssen mit einem Widerstreit der Gefühle fertig werden, der viel Kraft kostet. Wenn dies dazu führt, dass dann viele Kirchenaktivisten im Abwägen der Argumente eher auf Reform, manche Kirchen-Außenseiter aber eher auf Tabuisierung kirchlicher Autorität setzen, hat man das Dilemma vor Augen, das die derzeitige Kirchendiskussion so kräftig aufheizt.

Wenn man will, kann man eine solche Ambivalenz aber auch als Ausfluss zweier seelsorglicher Grundstrategien erkennen. Die eine lautet: Wenn „Freude und Hoffnung, Trauer und Angst" der Menschen von heute Freude und Hoffnung, Trauer und Angst auch der Kirche sein sollten, wie es der wohl bekannteste Konzilstext („Kirche in der Welt von heute", Gaudium et Spes) verkündet, dann heißt dies, dass die Seelsorge von der Wirklichkeit des Lebens heutiger Menschen auszugehen hat. Das ist nicht einfach mit Anpassung der Gesetze an die Lebensrealität gleichzusetzen, wie Reformgegner gern unterstellen. Aber es bedeutet, dass man die Lebensumstände der Menschen zur Kenntnis nehmen muss und nicht an ihnen vorbei Seelsorge betreiben kann.

Die andere Option der Seelsorge („Pastoral" sagt man dazu

heutzutage, aber das ist eine sprachliche Totgeburt, die nur Kircheninsider noch balsamieren) ist das Durchtauchen: Man nimmt die Zeitumstände zähneknirschend zur Kenntnis, hält aber an den bisher üblich gewesenen Lebens- und Verkündigungsformen eisern in der Hoffnung fest, dass sich die Umstände schon wieder ändern werden. Diesem Modell hängen jene an, die schon in ein paar zusätzlichen Priesteramtskandidaten eine Wende zu mehr Berufungen sehen und sich einreden, dass daher keine Reformen nötig seien: „Das Pendel schlägt ja schon wieder zurück." Und so wird weitergemacht wie bisher, und das alles unter Berufung auf Paulus, der sagte, man habe das Wort Gottes zu verkündigen, „sei es gelegen oder ungelegen" (2 Tim 4,2).

Das Zweite Vatikanische Konzil hat sich klar festgelegt: Die Kirche hat die „Zeichen der Zeit" richtig zu deuten und ihre Seelsorge „in einer jeweils einer Generation angemessenen Weise" zu betreiben (Gaudium et Spes, 4). Zeichen der Zeit sind zweifellos ein starkes Ich-Wachstum, ein Beharren auf dem Eigenwert und der gewissensorientierten Eigenverantwortung jedes Menschen, die Ablehnung von autoritärer Bevormundung, auch in gesellschaftspolitischen Fragen Mitsprache und Mitbestimmung, volle Gleichberechtigung von Mann und Frau. Wer – wie Kardinal Schönborn – glaubt, in solchen Vorstellungen Überreste einer demnächst überwundenen Haltung des „Modernismus" von gestern erkennen zu können und auf diese Strategie setzt, tut sich schwer mit der Beweisführung, dass er die Wirklichkeit im Griff hat.

Ist die Kirche noch katholisch, wenn …?

Kritiker einer Kirchenreform schreiben deren Exponenten heute oft: „Werden Sie doch protestantisch, dort haben Sie alles, was Sie in der katholischen Kirche nicht haben können, wenn diese katholisch bleiben will!" Nun wäre es gewiss keine Schande, aus Gewissensgründen evangelisch zu werden. Aber Kirche ist Heimat, Kirche ist seelische Geborgenheit. Die gibt man nach Jahrzehnten des Engagements in ihr nicht auf, wenn man fest davon überzeugt ist, dass sie reformfähig ist. Außerdem: Wer Änderungen in den Zulassungsbedingungen zum Priesteramt will, der will Priester! Wer sich nach einer anderen Autoritätsausübung durch den Papst sehnt, der will das Papsttum! Und alle Erneuerer wollen ohnehin das Zusammenfinden der christlichen Kirchen in versöhnter Vielfalt.

Wahr ist allerdings, dass auch gemäßigte Reformanhänger sich und anderen oft besorgt die Frage stellen, ob denn die katholische Kirche wirklich noch katholisch sei, wenn sie fortfahre, sich immer weiter zu reformieren. Identitätsverlust durch Erneuerung: Das ist schon ein Thema, das auch Gutwillige beschäftigt. Und wir leben in einer Zeit, in der das Zusammenwachsen zu größeren politischen Gebilden dialektisch von einer stärkeren Betonung der Identität der Teilgebilde begleitet wird: Integration bei gleichzeitiger Regionalisierung, also auch hier „Einheit in Vielfalt". Die angestrebte Versöhnung der christlichen Kirchen wird ebenfalls längst nicht mehr als bedingungslose „Heimkehr der Abtrünnigen" in den Schoß der Mutterkirche gesehen, sondern als Versuch, sich über das Gemeinsame des Glaubens zu verständigen und dann in historisch gewachsenen, unterschiedlichen Lebens- und Erscheinungsformen aufzutreten.

Im Klartext: Niemand will eine unverbindliche Einheitskirche. Bunt, dynamisch, kraftvoll, farbig wie ein Gemälde von Max Weiler soll die Christenheit von morgen sein – aber eben in einem gemeinsamen Rahmen zusammengehalten. Das heißt: Die katholische Kirche – wenn man will: die katholischen Kirchen des Westens (wir) und des Ostens (die

Unierten) – soll ihre eigenen Farbqualitäten unter keinen Umständen verlieren oder gar freiwillig preisgeben. Wir müssen katholisch bleiben!

Aber was ist typisch katholisch? Neben all dem, was uns mit anderen christlichen Kirchen verbindet (also das Wesentliche), sind es ein paar Besonderheiten, die man nicht opfern darf: zum Beispiel das Papstamt (lieber sagt man heute „Petrusdienst“), die Ergänzung der Bibel durch die Überlieferung, eine sinnenfreudige Liturgie. Die sinnenfeindliche Einstellung zur Geschlechtlichkeit ist keine Haltung, die wir (wie auch andere christliche Gruppen) als typisch katholisch weiter mitschleppen sollten: Die haben uns die alten Griechen und Perser, nicht Jesus, eingebrockt. Frauen ohne Mitspracherecht? Das müssten uns Theologen erst schlüssig erklären und biblisch begründen, dass es sich hier wirklich um den Willen Gottes und nicht nur um ein soziokulturelles Erbe handelt.

Aber, so werden jetzt besorgte Zweifler einwenden, ist damit nicht die Rolle des Papstes und des kirchlichen Lehramtes zu sehr heruntergespielt? Ist es nicht wirklich das Entscheidende, was die katholische Kirche von anderen christlichen Kirchen unterscheidet, dass bei uns endgültige Entscheidungen getroffen werden? Zuzugeben ist: So sieht es für viele aus. Zuzugeben aber ist gleichfalls: Es ist nicht wirklich so, dass alles bleibt, wie es gelehrt worden ist! Das kirchliche Lehramt hat sich im Lauf der Geschichte immer wieder korrigiert, was heißt, dass es sich vorher geirrt haben musste. Was heute verlangt und bisher nicht gewährt wurde, ist lächerlich geringfügig im Vergleich zu dem, was früher schon alles gelehrt und später verkehrt worden ist. Das ist, wenn man genauer darüber nachdenkt, kein Schock, sondern ein Trost.

Um in diesen trostvollen Lesestoff einzudringen, besorgt man sich am besten ein im Herbst 1998 in den USA erschienenes Buch („Rome Has Spoken“), das die Wandlungen in den Aussagen des kirchlichen Lehramtes zu 18 großen Themenbereichen dokumentiert. Es wurde von der Loretto-Ordensschwester Maureen Fiedler, einer bekannten Kommentatorin im „National Public Radio“, und der Anthropologin Linda Rabben herausgegeben. Das Buch erspart einem mühsames Stöbern in dutzenden Büchern der Kirchengeschichte und untermauert die schon vor Jahrzehnten von Friedrich Heer verfochtene These, die Nonnen von Amerika würden an der Gestalt der katholischen Kirche von morgen einen entscheidenden Anteil haben. Heer dürfte Recht behalten.

Oft hat die Kirche schon geirrt

Krieg und Frieden im theologischen Wechselbad

Die frühen Christen bekannten sich zur Gewaltabsage durch Jesus und lehnten jeden Militärdienst ab – freilich u. a. auch deshalb, weil der Eintritt in die Armee des römischen Kaisers mit einem Eid auf den „Gottkaiser" verbunden war, den sie nicht leisteten, auch wenn Martyrium und Tod die Alternative waren. Als das Christentum im vierten Jahrhundert Staatsreligion im Römischen Reich wurde, war alles plötzlich anders. Bald durften nur noch Christen und nicht mehr Heiden stolze Soldaten sein: kein Wunder, bedenkt man, dass die ersten Bischöfe ehemals römische Staatsbeamte waren. Wahr ist freilich auch, dass tausende Christen aus Rom und anderen Städten in die Wüste zogen und dort pazifistisch gesinnte Klostergemeinschaften gründeten. Eine wohltuende Friedensgesinnung vertraten auch „Prominente" wie der mantelteilende heilige Martin, Bischof von Tours, der Iren-Apostel Patrick und Papst Gregor I. der Große. Dass Jesus vor seiner Gefangennahme es ablehnte, mit dem Schwert verteidigt zu werden (Lk 22,51), habe „jeden Soldaten entwaffnet", verkündete der Kirchenlehrer Tertullian im Jahr 220 unzweideutig.

Dann entwickelte der heilige Augustinus († 430) die Theorie von den zwei Reichen (Reich Gottes und Reich der Welt) und von der Notwendigkeit, die Ordnung im irdischen notfalls auch durch Gewalt zu sichern. Thomas von Aquin verfeinerte im 13. Jahrhundert Augustins Lehre vom „gerechten Krieg", was gewiss wesentlich zur Zähmung regellos mordender Kombattanten beitrug – auch christlicher, die Papst

Urban II. 1095 aufgerufen hatte, das Heilige Grab in Jerusalem den „verfluchten" Muslimen gewaltsam zu entreißen.

Die Dämonisierung der Feinde im Halbmond durch Kirchenführer nahm zu. 1204 massakrierten christliche Soldaten viele Bewohner von Konstantinopel. Die Tötung „Ungläubiger" wurde zu einem Akt der Frömmigkeit. Mit der (von der Inquisition vorsorglich dem „weltlichen Arm" des Staates überlassenen) Massenhinrichtung von Häretikern erklomm das blutige Wüten im Namen Jesu Christi einen traurigen Höhepunkt. Im 16. Jahrhundert beteiligten sich Truppen des Kirchenstaates wacker an den Kriegen der italienischen Stadtstaaten. Doch die lateinamerikanische Bischofssynode erklärte Kriege gegen Ungläubige zum Zweck der Unterwerfung unter den christlichen Glauben bereits 1546 für „rücksichtslos, ungerecht, pervers und tyrannisch", was anerkennenswert früh war.

Gewaltsame Erhebung gegen tyrannische Herrscher stufte Papst Leo XIII. namens des kirchlichen Lehramtes noch 1878 als unerlaubt ein, doch dann schlug der Ton um. Nach dem Ersten Weltkrieg unterstützte Papst Benedikt XV. die Gründung des Völkerbunds und nach dem Zweiten erklärte Pius XII. gezielte Massenausrottung im Krieg für absolut verboten, Waffendienstverweigerung aus Gewissensgründen aber noch 1957 für unerlaubt. Rigorose Beschränkungen der Kriegsführung kamen erst mit dem Zweiten Vatikanischen Konzil und ergänzenden Erklärungen der Päpste Johannes XXIII. („Krieg ist kein Mittel zur Abstellung von Rechtsverletzungen") und Johannes Paul II. („Nie wieder Krieg!"). Seit Pius XII. wies die Kirche immer wieder auf soziale Gerechtigkeit als wichtige Voraussetzung für den Frieden hin. Auch Widerstand gegen illegitime Staatsgewalt und Waffendienstverweigerung aus Gewissensgründen werden seit Vaticanum II von der Kirche klar bejaht. Ein langer und kurvenreicher Weg der Wahrheitssuche war in den Zielbereich gelangt.

Schon das Konzil von Nikaia (Nicaea) beschloss im Jahr 325, dass künftig alle Kleriker, die für Geldleihe Zinsen nahmen, abgesetzt und aus ihrem Orden ausgeschlossen würden. Das II. Laterankonzil verurteilte 1139 alle Wucherer (und unter Wucher verstand die Kirche die längste Zeit jedes Zinsnehmen und nicht nur das unmäßige) „im Namen göttlichen und menschlichen Rechts" und entzog ihnen das Recht auf ein kirchliches Begräbnis. Dann mischte sich eine antijüdische Komponente in die kirchliche Argumentation: Lateran IV beklagte 1215, dass nun die Juden „unterdrückerische und exzessive Zinsen" verlangten und ihnen daher die Gesellschaft der Christen verwehrt werden müsse.

Tatsächlich findet sich das Zinsverbot im Alten wie im Neuen Testament; in der Agrargesellschaft des alten Israel war Geldverleih eine Gemeinschaftspflicht. Auch das alte Rom verurteilte Zinsnehmen, das ungeachtet dessen eine im Reich verbreitete Praxis war. Die scholastischen Kirchenlehrer übernahmen alle die These von Aristoteles (viertes vorchristliches Jahrhundert), dass Geld unfruchtbar, unproduktiv und nur ein Mittel des Austauschs im Verhältnis 1 : 1 sei.

Erst im 15. Jahrhundert begannen Päpste, Ausnahmen vom Zinsverbot für bestimmte Investitionen zu statuieren. Einzelne Reformatoren wie Luther und Zwingli behielten das kirchliche Zinsverbot bei, während Calvin mit der Erarbeitung einer Theologie des Zinsnehmens begann. Benedikt XIV. befragte eine Kommission von Kardinälen und Theologen und verkündete 1745 noch einmal: „Ertragreicher Handel kann nicht durch Wucher und ähnliche Ungerechtigkeiten gedeihen." Pius IX. borgte sich 1850 von der Rothschild-Familie 50 Millionen Francs und wetterte, um nicht der Judenhörigkeit geziehen zu werden, in der Kurie sodann gegen die

Juden, diese „geldhungrigen Feinde Christi und des Christentums."

Noch der Kirchenrechtskodex von 1917 schloss Wucherer (nunmehr klar im Sinn exzessiver Zinsnehmer) von allen kirchlichen Ämtern aus. Im Kodex 1983 ist davon nicht mehr die Rede, wohl aber heißt es nun, dass die Verwalter von Kirchenvermögen „mit der Sorgfalt eines guten Hausvaters" vorgehen sollen, was bedeutet, dass das Geld, das „nach Bestreitung der Ausgaben übrig bleibt, nutzbringend angelegt werden muss."

Es gibt keinen Grund, diesen Kurswechsel zu belächeln. Aber man sollte ihn sehr wohl als Beispiel dafür anführen, dass die Kirche geänderten Lebensumständen auch in der Gesetzgebung Rechnung tragen kann. Warum sollte dies nur beim Zinsnehmen möglich sein?

Die Sklaverei war gottgewollt

„Von Anbeginn wurde fast nichts in der katholischen Kirche höher bewertet [...] als die Tatsache, dass sie auf eine Abschaffung der Sklaverei, die so viele Menschen unterdrückte, hinarbeitete." So schrieb Papst Leo XIII. 1888 den brasilianischen Bischöfen und wiederholte es 1890 im Rundschreiben „Catholicae ecclesiae". Leider „irrte" da der Papst gewaltig. Denn noch 1866 hatte das Heilige Officium, Vorläuferamt der heutigen Glaubenskongregation, erklärt: „Sklaverei [...] stellt keinesfalls einen Gegensatz zum natürlichen und göttlichen Recht dar." 200 Jahre vorher hatte das Heilige Officium gefordert, dass Sklaven, die in ungerechten Kriegen versklavt worden waren, freigelassen werden sollten. (Man musste also darauf achten, nur in gerechten Kriegen Sklaven einzufangen.) Die Tradition reichte in der Tat zurück bis zum berühmten Paulusappell, Sklaven sollten gute Sklaven und Herren gute

Herren sein (1 Kor 7,20 ff.), was mehrfach von Päpsten wiederholt worden ist.

Um 600 erklärte Gregor I.: „Alle Menschen sind von Natur aus gleich, aber [...] eine verborgene Verfügung der Vorsehung hat es so eingerichtet, dass es eine Hierarchie der Verdienste und der Herrschaft gibt und dass die Unterschiede in den Gesellschaftsklassen sich als Ergebnis der Sünde entwickelt und durch göttliche Gerechtigkeit ihre Weihe empfangen haben." Das Dritte und das Vierte Laterankonzil erlaubten im 12. und 13. Jahrhundert die Versklavung von Christen, wenn diese in den Kreuzzügen auf Seite der Sarazenen gekämpft hatten! Papst Paul III. verfügte 1548: „Jede männliche oder weibliche Person, römisch oder nichtrömisch, weltlichen oder geistlichen Standes, [...] darf frei und legal öffentlich männliche oder weibliche Sklaven kaufen und verkaufen [...] und öffentlich als Sklaven halten und sich ihrer Arbeitskraft bedienen."

Einschränkungen in der Sklavenhaltung wurden 1591 für die Philippinen und 1639 für einige südamerikanische Regionen verfügt. Dagegen waren im 17. Jahrhundert die Päpste Urban VIII., Innozenz X. und Alexander VII. am Erwerb muslimischer Galeerensklaven beteiligt. Als in den USA im 19. Jahrhundert ein Bürgerkrieg geführt wurde, bei dem es um die Sklavenbefreiung ging, schwieg das kirchliche Lehramt, aber die Sympathien von Pius IX. für die Sklavenhalter in den Südstaaten waren bekannt. Erst als 1888 im letzten Land der westlichen Hemisphäre, nämlich Brasilien, die Sklaverei abgeschafft worden war, schrieb Leo XIII. den eingangs zitierten Brief an die brasilianischen Bischöfe.

Dass Sklaverei eine „infame" Verletzung der Menschenwürde und ein „Widerspruch zur Ehre des Schöpfers" ist, hat dann das Zweite Vatikanische Konzil (Gaudium et Spes, 27) festgeschrieben. Nicht eben eine Pionierleistung, wenn man bedenkt, dass England den Sklavenhandel 1807 und die USA 1808 offiziell abgeschafft und die katholischen Länder Spanien und Portugal noch erheblich darüber hinaus am illegalen Sklavenhandel teilgenommen haben. Der Zugang zu Pfarrschulen und zum Priesteramt war Sklavenkindern bis ins 20. Jahrhundert hinein verwehrt.

Von der Folter zur Religionsfreiheit

„Der lange Weg der katholischen Kirche zur gewährten Religionsfreiheit" lautet der Titel eines Kapitels in dem spannenden Buch „Im Sprung gehemmt" (1998) von Weihbischof Helmut Krätzl. Darin werden auch die Wurzeln des hinhaltenden Widerstands der katholischen Kirchenleitung beschrieben: die Angst vor der Gefährdung der wahren Religion und die Sorge um einen Verlust des Einflusses der Kirche in vielen Ländern. Die Beispiele liefert wieder das Buch „Rome Has Spoken". Im Reichsrecht des Kaisers Theodosius vom Jahr 438 las man: „Alle Häresien [Abweichungen von Teilen des wahren Glaubens, Anm. d. Autors] sind kraft göttlichen und kaiserlichen Gesetzes verboten und sollen für immer unterbunden sein." Innozenz III. erließ 1207 die berühmte Verfügung, dass jeder Häretiker dem staatlichen Gericht übergeben und von diesem bestraft werden sollte, was den Verkauf seiner Habe und die Zerstörung seines Hauses einschloss.

Das eröffnete den Weg zur langen und blutigen Verfolgungsjagd gegen Abweichler vom wahren Glauben, wobei die Kirche das blutige Geschäft von staatlichen Bütteln besorgen ließ. Wie aber konnte sich die Kirche je auf Gewalt und Verfolgung einlassen? Die Rechtfertigung hatte erstmals kein Geringerer als der heilige Augustinus geliefert, der in einem Brief an den Tribun Bonifaz 417 schrieb: „Es gibt eine ungerechte

Verfolgung, die die Ungläubigen gegen die Kirche Christi führen, und eine gerechte Verfolgung, welche die Kirche Christi gegen den Ungläubigen betreibt. [...] Die Kirche verfolgt aus Liebe und die Ungläubigen verfolgen aus Grausamkeit." Papst Innozenz IV. „befahl" 1252 dem jeweiligen Herrscher, „alle gefangen genommenen Häretiker zum Beichten und zur Preisgabe ihrer Komplizen zu zwingen", und zwar „durch Folter, die das Leben nicht gefährdet oder ihre Glieder verletzt [...]." Geradezu eine Humanklausel im Foltergebot!

Da sich die Kirche daran gewöhnt hatte, den Staat zur Ausführung ihrer Urteile zu benutzen, ist es verständlich, dass noch Pius X. 1906 die Lehre von einer Trennung von Kirche und Staat für „absolut falsch" und einen „schädlichen Irrtum" erklärte, nachdem der „Syllabus" Pius' IX. diese schon 1864 unter den 80 hauptsächlichsten Irrtümern seiner Zeit aufgeführt hatte. Ganz anders dann Johannes XXIII., der 1963 in der Enzyklika „Pacem in terris" jedem Menschen das Recht auf Gottesverehrung „nach dem Diktat des eigenen Gewissens" zuerkannte, was dann vom Zweiten Vatikanischen Konzil 1965 ausdrücklich bestätigt wurde. In einem Schreiben des Vatikanischen Staatssekretariats an die Kardinäle im Jahr 1994 werden Religionskriege, Inquisitionstribunale und andere Zwangsmethoden als Verletzung von Menschenrechten gebrandmarkt und der Satz angeschlossen: „Auch die Kirche muss eine Überprüfung der dunkleren Seiten ihrer Geschichte anstellen."

Für den Karfreitag des Jahres 2000 ist eine solche umfassende Entschuldigungsbitte angekündigt. Man wird dabei an recht viel denken müssen. So fanden 32 Päpste nichts daran, dass Knaben an der Schwelle zur Mannbarkeit dieser durch Kastration beraubt wurden, damit sie weiterhin in der Sixtinischen Kapelle und anderen Kirchen Roms ihre glockenhelle Stimme zur größeren Ehre Gottes erschallen lassen konnten.

Viel schlimmer noch war, was Christen im Lauf der Geschichte Juden angetan haben, die im Mittelalter zum Tragen äußerer Kennzeichen gezwungen und in vielfacher Weise aus der Gesellschaft ausgeschlossen oder auch in Massen aus angestammten Heimatländern vertrieben wurden. Johannes Chrysostomos nannte die Synagoge um 400 „ein Bordell" und Origenes wollte um 230 das Blut Jesu über „alle Juden bis zum Ende der Welt" kommen sehen. Bis in unser Jahrhundert herein reichen die Zeugnisse eines aus kirchlichen Quellen gespeisten Antijudaismus, der die Katastrophe von Auschwitz gewiss nicht angepeilt, aber die Hemmschwelle bei vielen, zu vielen so weit gesenkt hatte, dass auch vorgebliche Kulturmenschen mit Vorlieben für Bach, Mozart und Goethe sich skrupellos an der Ausrottung eines ganzen Volkes beteiligten.

Auch hier waren das Zweite Vatikanische Konzil und der österreichische Textlieferant Prälat Johannes Österreicher (Eigendefinition: „Jude und Katholik") maßgeblich an der fundamentalen Kurskorrektur beteiligt. Man muss auch hervorheben, dass Papst Johannes Paul II. diese Umkehr mit großem persönlichen Einsatz weiter betrieb und bei seinem historischen Besuch in der Hauptsynagoge in Rom 1986 drei wesentliche Punkte der neuen Kirchenposition herausstrich: Indem sich die Kirche auf das ihr eigene Geheimnis besinnt, entdeckt sie ihre unaufgebbare Verwurzelung im Judentum. Und: Die Juden als Volk trifft keine kollektive Schuld am Tod Christi. Und: Es ist nicht erlaubt, aus der Bibel die „Verwerfung" der Juden abzuleiten. In Österreich haben u. a. die Bischöfe Franz König, Reinhold Stecher (der den antijüdischen, unhistorischen Kult um das „Anderl von Rinn" mit präziser theologischer Begründung und Unterstützung aus Rom stoppte) sowie Helmut Krätzl zur Überwindung peinlicher alter Fehlbeurteilungen beigetragen. Erfreulicherweise setzt Kardinal Schönborn diesen Kurs konsequent fort.

Als die amerikanische und bald darauf die französische Revolution gegen Ende des 18. Jahrhunderts universelle Menschenrechte verkündete, tat sich das Lehramt der katholischen Kirche mit keinerlei zukunftsweisender Unterstützung, sondern im Fall Frankreich nur mit Wehklagen und Warnungen hervor, was kirchenpolitisch begründet, aber theoretisch nicht gerechtfertigt war. (Man bangte um den Einfluss der Kirche auf den Staat.) Von der eklatanten Minderbewertung der Frau durch namhafte Kirchenlehrer wird noch die Rede sein. Wenn es um Menschenrechte ging, war der Heilige Geist in der Geschichte nur allzu oft und allzu lange von seiner Kirche abgelenkt.

Ökumene als Laster und Tugend

Heute ist „Ökumene" fast schon ein Zauberwort: Einheit der Christen, Überwindung hundert- und tausendjähriger Spaltungen, Händereichen über Konfessionsgrenzen hinweg, Erfüllung der großen Abendmahlsbitte Jesu: Kein wahres Christenherz, das darüber nicht ins Schwärmen käme! Aber das war nicht immer so. Es war noch vor einem halben Jahrhundert nicht so. Selbst die aus Frankreich und Belgien kommende Una-sancta-Bewegung ökumenisch gesinnter Katholiken stieß bei den Päpsten auf große Zurückhaltung. Noch reservierter gaben sich diese gegenüber Einigungsbemühungen in anderen christlichen Kirchen. Pius XI. verbot 1928 den Katholiken die Teilnahme an solchen Veranstaltungen. Die Gründe waren in vergleichbaren Fällen immer die gleichen: Man bangte um die Reinheit des Glaubens, befürchtete eine Aufweichung der katholischen Identität und traute den eigenen Glaubensgenossen kein Urteil zu, also arbeitete man mit Verboten. Erst Johannes XXIII. riss in Rom das Steuer herum, kündigte das Konzil in der Weltgebetswoche für die Einheit der Christen an, lud erstmals nach Jahrhunderten wieder nicht katholische Kirchenvertreter dazu ein und gründete noch vor dem Konzil ein Sekretariat zur Förderung der Einheit der Christen. Mit 2137 gegen nur elf Stimmen wurde auf dem Konzil das Ökumenismus-Dekret angenommen, das einen großen Sprung nach vorn aus der Enge bisherigen katholischen Denkens brachte und etwa in Österreich von allen christlichen Kirchen mit großer Begeisterung umgesetzt wurde.

1302 hatte Bonifaz VIII. in der Bulle „Unam sanctam" feierlich als „für das Heil notwendig" deklariert, „dass jedes menschliche Wesen sich dem römischen Papst unterwirft". 1442 verkündete das Konzil von Florenz, dass alle Nichtkatholiken – auch „Heiden, Juden, Häretiker, Schismatiker" – ausnahmslos „zum ewigen Höllenfeuer verdammt" seien. Noch der Kodex von 1917 verbot Katholiken die Teilnahme an nicht katholischer Liturgie. Pius XI. bekräftigte 1928 diese Position und lud „die Dissidenten" zur „Rückkehr in die eine, wahre Kirche" ein. Seit Vaticanum II nimmt die katholische Kirche relativ vorbehaltlos an allen ökumenischen Veranstaltungen teil und arbeitet auch im Weltrat der Kirchen als Beobachterin (im Österreich-Ableger als Vollmitglied) mit.

Theologenkommissionen haben eine weit gehende Annäherung der Standpunkte von Katholiken, Lutheranern, Reformierten und auch Orthodoxen in wichtigen theologischen Fragen erzielt, obgleich das Wiedererstarken der Unierten (mit Rom verbundene ehemalige Orthodoxe) in der Ukraine nach der politischen Wende neue Spannungen geschaffen hat. Irgendwie hat man den Eindruck, dass letztlich jede Kirche heute wieder stärker als am Beginn dieses Weges um ihre eigene Identität fürchtet. Auch besteht kein Zweifel, dass die Amtsausübung von Papst Johannes Paul II. die Annäherung zu weniger zentralistisch geführten Kirchen gewiss nicht begünstigt.

Alle seine Enzykliken schließen mit einer Anrufung Marias, während Paul VI. von seiner Kirche noch gefordert hatte, „einerseits die spezifische Eigenart der Marienverehrung nicht abzuschwächen", andererseits aber „keine Übertreibungen zuzulassen", die die wahre Lehre der Kirche verdunkeln könnten.

Wieder andererseits ist es erfreulich, dass derselbe Papst in seiner Ökumene-Enzyklika „Ut unum sint" 1995 zu einem „brüderlichen, geduldigen Dialog" auch über die Ausübung seines Amtes eingeladen hat. Diese Einladung stieß auf viel Zustimmung, der Dialog aber hat kaum begonnen. Mit diesem Papst wird er angesichts seines angegriffenen Gesundheitszustands auch nicht zu Ende geführt werden können. Aber die neue Seite, die im Buch der Beziehungen zwischen christlichen Gemeinschaften und Kirchen aufgeschlagen worden ist, wird sich nie mehr zurückblättern lassen.

Ständige Konflikte mit der Wissenschaft

„Glaube und Vernunft sind wie die beiden Flügel, mit denen sich der menschliche Geist zur Betrachtung der Wahrheit erhebt." Eins sei ohne das andere nicht denkbar. So lesen wir es in der insgesamt recht bemerkenswerten jüngsten und vielleicht letzten Enzyklika von Johannes Paul II., „Fides et Ratio". Und im Abschnitt 45 heißt es: „Der hl. Albertus Magnus und der hl. Thomas waren die ersten, die, obwohl sie an einer organischen Verbindung zwischen Theologie und Philosophie festhielten, der Philosophie und den Naturwissenschaften die nötige Autonomie zuerkannten [...]." Wie schön, wenn es dabei geblieben wäre! Wenn aber der Glaube auch nur andeutungsweise betroffen zu sein schien, maßte sich das kirchliche Lehramt auch im vorgeblich autonomen Raum der Wissenschaft eigene Zuständigkeit an.

„Dass die Sonne im Mittelpunkt der Welt steht und sich nicht bewegt, [...] ist dumm und philosophisch absurd und formal häretisch, weil es dem Sinn der Heiligen Schrift widerspricht", befand 1616 eine vom Vatikan eingesetzte Theologenkommission. Gemeint war die Lehre von Nikolaus Kopernikus, der mit der Veröffentlichung klugerweise zugewartet hatte, bis er auf dem Sterbebett lag. Aber den Physiker Galileo Galilei, der diese Lehre aufgriff und weiterführte, verurteilte die römische Inquisition (sämtliche Kardinäle) 1633 wegen „heftigen Häresieverdachts". Der arme Galilei, kein Ahnungsloser in puncto vatikanischer Häretikerverfolgung, warf sich auf die Knie, schwor allem ab und kam mit Hausarrest davon. Wir wissen, wie die Causa endete: mit dem Auftrag Johannes Pauls II. zur Untersuchung des Falls („Galilei hatte unter den Männern und den Behörden der Kirche viel zu leiden"). 1992 folgte die offizielle Rehabilitierung Galileis, weil „eine Frage der faktischen Beobachtung unpassenderweise in den Bereich des Glaubens verlagert worden war". Eine späte Erkenntnis, zu der nicht zuletzt Kardinal König jahrelang gedrängt hatte.

Das vatikanische Lehramt hatte sich inzwischen längst einen neuen Kriegsschauplatz gesucht, wo es wieder nur verlieren konnte. Die Lehre von Charles Darwin über die phasenreiche Entwicklung der Lebewesen von niedrigeren zu höheren Formen (Evolution) wurde gleichfalls als schwerer Verstoß gegen die Aussagen der Bibel interpretiert. Die Sechs-Tage-Theorie des Schöpfungsberichtes, die man nicht als bildhaft erkannt hatte, schien in Gefahr. „Ein Widerspruch zur Geschichte, zur Überlieferung aller Völker, zu exakter Wissenschaft, zu beobachteten Fakten und sogar zur Vernunft selbst", urteilte ohne Anflug von Bescheidenheit 1877 Papst Pius IX. Die päpstliche Bibelkommission bekräftigte 1909 dieses Urteil im Sinne einer fundamentalistischen Bibelauslegung.

In der Enzyklika „Humani generis" nannte Pius XII. die

Evolution (die Wissenschaftler inzwischen als Entwicklungsprinzip des gesamten Kosmos erkannt hatten) mit einem Anflug von Verzweiflung „noch nicht voll bewiesen", erklärte aber ebenso gönnerhaft wie anmaßend, das kirchliche Lehramt verbiete nicht weitere Forschungen und Diskussionen darüber; als unveränderlich müsse lediglich feststehen, dass die mögliche Entwicklung des menschlichen Körpers aus weniger entwickelten Arten nichts an der Schaffung einer Seele durch Gott ändere. Das Argument mit der Seele wiederholte 1966 Paul VI., und 1996 hielt Johannes Paul II. noch einmal fest, dass jede Behauptung, dass der menschliche Geist sich aus den Kräften lebendiger Materie entwickle, „unvereinbar mit der Wahrheit über den Menschen" sei.

Damit war indirekt auch noch einmal auf den großen Zusammendenker Pierre Teilhard de Chardin, Natur- und Gotteswissenschaftler, Menschenerforscher und tief gläubigen Jesuiten, Bezug genommen. Er hatte zwar ein grandioses Bild der Verchristlichung der Evolution und des gesamten Kosmos entworfen, aber die strenge Trennbarkeit von Materie und Geist verneint und war dafür vom römischen Lehramt mit den Mitteln des 20. Jahrhunderts gedemütigt worden. (Die von Rom vetretene mechanistische Darstellung Gottes als eine Art Seelenschmied bei jedem Zeugungsakt wird uns beim Thema Schwangerschaftsabbruch wieder begegnen.) Die Experten aber haben die Wissenschaft von der Evolution längst von jeder philosophischen und theologischen Spekulation darüber getrennt. Die Seele gehört weiter der Kirche. Die Evolutionstheorie aber, mit der die katholische Kirche endlich eine friedliche Koexistenz gefunden hat, erregt fundamentalistische Bibelausleger in den USA noch immer bis zur Weißglut; mit politischem Druck und Gerichtsurteilen zwingen sie Schulen dazu, als Alternative auch den biblischen Schöpfungsbericht vorzutragen.

Da die katholische Kirche in unseren Tagen weiß, dass sie

unabhängigen Wissenschaftlern keine Aufträge mehr erteilen kann, widmet sie sich vor allem denen aus den eigenen Reihen, den Theologen also. Der belgische Jesuit P. Jacques Dupuis wurde 1999 von seinen Vortragsverpflichtungen an der päpstlichen Universität Gregoriana in Rom enthoben, weil er zu sehr betont habe, dass der Heilige Geist auch außerhalb der katholischen Kirche fruchtbar wirke. Kardinal König hat ihn darauf in der englischen katholischen Zeitschrift „The Tablet" verteidigt und sich wegen der Einmischung entschuldigt: „Aber ich kann nicht schweigen, wenn ich sehe, dass dem Gemeinwohl der Kirche Gottes so offensichtlich Schaden zugefügt wird." P. Dupuis greift auf 25-jährige Erfahrungen in Indien zurück. Dort wittert das heutige römische Lehramt offenbar besondere Gefahren. Auch ein anderer indischer Jesuit, P. Anthony de Mello („Gott ist Sündern näher als Heiligen"), hat die vatikanische Disziplinierungslust zu spüren bekommen und ebenso P. Tissa Belasuriya von Sri Lanka. Dieser wurde wegen zu positiver Sicht von Wahrheit auch in nicht christlichen Religionen von der Glaubenskongregation 1998 exkommuniziert, überraschenderweise aber noch im selben Jahr bedingungslos wieder in die Kirche aufgenommen. Da hatte jemand einmal klug und schnell reagiert.

Schließlich wurde 1999 Luigi Lombardi Vallauri, Rechtsprofessor an der Mailänder Universität vom Heiligen Herzen Jesu, vom Dienst suspendiert, weil er Hölle, Erbsünde und (wahrscheinlich der Hauptgrund) die päpstlichen Kompetenzen in Zweifel gezogen hatte. Die Folgen von allen diesen Fällen: „intellektuelle Desillusionierung", wie Schwester Joan Chittister im „National Catholic Reporter" kürzlich unter Hinweis auf einen ähnlichen Fall in den USA schrieb. „Der Zweck dahinter ist, den Fluss der Fragen zu stoppen, die Vermittler der Botschaft einzuschüchtern und das System zu erhalten. Pech für diesen Plan: Die Fragen verschwinden nicht."

Die christliche Kirche hat sich – aus nahe liegenden Abgrenzungsgründen – sehr früh aus dem jüdischen Milieu befreit, in dem patriarchalisch regulierte eheliche Sexualität als natürliche Selbstverständlichkeit galt, und sich in eine griechisch-römische Lebenswelt hinein verabschiedet. Das war die bestimmende Weichenstellung, deren Auswirkungen wir noch heute zu spüren bekommen. Hier regierten der strenge Dualismus von Seele (gut) und Leib (schlecht) und der Vorbehalt des Stoizismus gegen das, was nicht rational an Sexualität war: Das Triebhafte, das Unwiderstehliche, das „Tierische" an Sex wurde gering geachtet, widerstrebend hingenommen. Mit solch philosophischer Geringschätzung glaubte man die eigene Freude daran einigermaßen „entschuldigen" zu können. Ein schreckliches Erbe, in welches das Christentum hineingestoßen wurde!

„Liebt eure Frauen, aber liebt sie keusch!", gebot der heilige Augustinus im vierten Jahrhundert. „Haltet euch im Verkehr mit ihnen innerhalb der für die Zeugung von Kindern notwendigen Grenzen [...] Steigt herab [zum Verkehr] mit Bedauern – diese Notwendigkeit ist die Strafe jenes Adam, von dem wir abstammen!" Hundert Jahre später predigte Papst Leo I.: „In keiner Mutter erfolgt Empfängnis ohne Sünde." Gregor I. mahnte um 600 die Eheleute, sich auf Fortpflanzung zu beschränken und von „unmäßigem Verkehr" Abstand zu nehmen. Nikolaus I. fand um 860 eine neue Logik: Wenn keine knechtliche Arbeit am Sonntag, dann auch keine fleischliche Lust! Ins Kirchenrecht wurden Schritt für Schritt Enthaltungsgründe aufgenommen, sodass zuletzt rund 150 Tage des Ehejahres per Gesetz sexfrei zu sein hatten.

Das wurde dann auch zunehmend zu einem Grund, für Priester den Zölibat zu fordern. „Da Priester Gottes Tempel sein sollen, Gefäße des Herrn und Heiligtümer des Heiligen Geistes, […] verletzt es ihre Würde, im Ehebett zu liegen und in Unreinheit zu leben", erklärte Innozenz II. 1130 auf der Synode von Clermont. Das Konzil von Trient befand 1563: „Wer behauptet, dass es besser sei zu heiraten als in Jungfrauenschaft oder Zölibat zu verbleiben, sei aus der Kirche ausgeschlossen (anathema sit)."

Bemerkenswert ist der Umstand, dass in der frühen Kirche gerade die Traditionalisten diejenigen waren, die die (patriarchalische) Familie und damit geordnete Sexualität gegen die „Radikalen" verteidigten, die im Ausbrechen aus patriarchalischen Großfamilien und ihrer Reichtumspolitik in Zölibat und asketischem Lebensstil einen sittlichen Fortschritt sahen. In dieser Ordnung waren Witwen, denen auf Grund alter biblischer Tradition die Gemeinschaft beistand, freier und stärker als Ehefrauen im Familienverband. Sex war für die Zeugung da und als „remedium concupiscentiae" ein Hilfsmittel zum Abbau lästiger Spannungen, auf das natürlich Männer von Seiten der Frauen Anspruch hatten; ans Umgekehrte dachte damals kein Mensch. Im Licht solcher Gesellschaftsverhältnisse darf man die Abwertung der Sexualität nicht so einseitig sehen, wie es heute scheint. Aber umso mehr kann man verlangen, dass die Dinge heute auch vom Lehramt anders gesehen werden.

Damit aber tun sich viele vatikanische Lehramtsvertreter, die im Bann ihrer Kontinuitätsangst stehen („Das hat die Kirche immer gesagt") offenbar immer noch schwer. So erklärte Pius XI. in seiner Enzyklika „Casti connubii" 1930 die Fortpflanzung immer noch zum Hauptzweck der Ehe, während es auch zweitrangige wie die Befriedigung der Begierde gebe, die „nicht verboten" sind, solange sie dem Hauptzweck untergeordnet bleiben. (Was immer das heißen mag.) Und Pius XII. wiederholte diese These noch in seiner berühmten Ansprache an italienische Hebammen 1951, in der er auch das schreckliche Verbot aussprach, ein Kind im Mutterleib zu töten, auch wenn als Folge dieses Verbots die Mutter sterben muss. Die Mutter muss sterben. Das wurde bis heute nicht berichtigt, auch wenn es kaum noch berücksichtigt werden dürfte.

Sehr wohl berichtigt aber hat Vaticanum II die Ehezwecklehre: Erstmals wurden Fortpflanzung und gegenseitiger Liebeserweis als gleichwertige Ehezwecke anerkannt – ohne Bezugnahme auf die vielfältigen Irrlehren der Vergangenheit. Von einer Hinterfragung des absoluten Verbots vorehelichen Geschlechtsverkehrs kann noch immer nicht die Rede sein, obwohl diese Auslegung des sechsten Gebotes („Du sollst nicht ehebrechen!") im Zeitalter empfängnisverhütender Methoden doch auch eine Neubewertung nahe zu legen scheint.

Irgendwie hilflos geht die offizielle katholische Kirche auch mit dem Thema Homophilie und Homosexualität um. Zugegebenermaßen ist hier das Problem besonders groß, weil die Verdammung der Homosexualität sowohl im Alten (Ersten) wie auch im Neuen (Zweiten) Testament eindeutig und nachdrücklich ist. Man hat versucht, dies als Erbe der alten Zeit zu deuten, als die Israeliten sich von den heidnischen Praktiken der Nachbarvölker abgrenzen mussten, und zu diesen habe eben auch religiös motivierte Homosexualität gehört. Exegeten aber wollen heute die These nicht aufrechterhalten, dass bei den Nachbarn homosexuelle Tempelprostitution üblich gewesen sei; nur eine dem Fruchtbarkeitskult dienende habe es gegeben.

Tatsächlich ist die heutige Kirche bemüht, Homosexuelle vom Makel diskriminierender Ausgrenzung zu befreien. In der Praxis sind dabei aber bisher viele Halbheiten herausgekommen. Das gilt mindestens ebenso für die Theorie. Im Katechismus der katholischen Kirche (KKK 2357 ff.) heißt es, Homosexualität verstoße „gegen das natürliche Gesetz, denn die

Weitergabe des Lebens bleibt beim Geschlechtsakt ausgeschlossen" – was wieder alle menschliche Sexualität an einen Hauptzweck Fortpflanzung kettet. Sodann erklärt der KKK, viele Männer und Frauen hätten eine nicht selbst gewählte homosexuelle Veranlagung; ihnen sei „mit Achtung, Mitgefühl und Takt" zu begegnen. Und schließlich werden alle Homosexuellen zu Selbstbeherrschung und Keuschheit aufgerufen. Wenn aber wirklich eine Veranlagung vorliegt, ist das Betätigungsverbot unlogisch und unmenschlich.

Wie man's auch dreht und wendet: Für die notwendige, ja unverzichtbare Orientierungshilfe in einer so zentralen Frage der menschlichen Existenz wie sie die Sexualität fraglos ist, hat die katholische Kirche nach Meinung von immer mehr Menschen immer weniger Brauchbares anzubieten. Das ist tragisch, weil es kraft authentischer Auslegung der Botschaft Jesu Christi auch anders sein könnte und weil Blaise Pascal gute Gründe für seine Warnung hatte: „Wer zum reinen Geist werden will, wird zum reinen Tier." Günther Nenning sieht deshalb Handlungsbedarf für die Theologen: „Der Geist ohne Körper ist ein bloßes Gespenst, der Körper ohne Geist ist bloße Pornographie. Auf, Theologen, macht euch ans schöne Werk!" Was diese vielfach schon getan und auch die Kirchenvolks-Begehrer im „Herdenbrief" über „Liebe – Eros – Sexualität" versucht haben.

Die Frau schleust den Teufel ein

Die Beurteilung von Geschlechtlichkeit durch die Kirche kann nicht von ihrer Beurteilung der Frau getrennt werden. Die Ausgangsposition lässt sich etwa so umschreiben: Die Frau („Männin") ist ein Hilfsorgan des Mannes, ein zweitrangiges Geschöpf, und was der Mann an Minderwertigem braucht, wird durch sie verkörpert. Diese Auffassung entspricht in keiner Weise der Praxis Jesu und jener der frühen Kirche. Jesus sprach öffentlich mit Frauen, ignorierte das alte „Bluttabu" (Lk 8,43 ff.), ermutigte Frauen ihre Rechte durchzusetzen (Lk 18,1 ff.) und beauftragte eine Frau (Maria von Magdala) mit der Verkündigung der Auferstehungsbotschaft (Joh 20,17 f.). Viele Frauen waren in seiner Jüngerschar, manche glauben auch „Apostolinen" nachweisen zu können, und Diakoninnen hat es sicherlich gegeben. Frauen leiteten auch hauskirchliche Eucharistiefeiern, verkündeten die frohe Botschaft, nahmen an Missionsreisen teil.

Aber dann wirkte sich die griechisch-römische Umgebung, die Frauen nur als Spielgefährtinnen, Gebärerinnen und Haushälterinnen schätzte, auch auf die Christen aus, und der philosophische Dualismus begann zu greifen: Männer repräsentierten Verstand, Seele, alles Geistige, Frauen dagegen Sinne, Körper, alles Fleischliche. Der Kirchenlehrer Tertullian wiederholte im dritten Jahrhundert eine schon vom alttestamentarischen Weisheitslehrer Jesus Sirach formulierte Anklage an Eva: „Du bist es, die den betört hat, dem der Teufel nichts anhaben konnte!" Adam der Held, Eva die Verführerin: Das Strickmuster war gefunden! Es ließ sich bis zur Vernichtung von einer Million Hexen ausdehnen: Die Hauptanklage gegen sie lautete, dass sie mit dem Teufel Geschlechtsverkehr gehabt und von ihm Rezepte für Abtreibungssäfte erhalten hätten. Immerhin hatte Tertullian Eva und allen ihren Nachkommen zugerufen: „Du bist die Einfallspforte des Teufels."

Die erste Frau hat laut Tertullian den ersten Mann „zerstört" und durch die auf diese Weise begründete Erbsünde alle übrigen Generationen. „Ich kann nicht entdecken, zu welcher Hilfe die Frau geschaffen sein soll, wenn man vom Gebären absieht", dozierte der Kirchenlehrer Augustinus († 430) und Thomas von Aquin stellte 1274 klar: „Die Frau ist von Natur aus dem Mann unterworfen, denn im Mann überwiegt von Natur aus die Unterscheidungskraft des Verstandes." Geschlechtsverkehr galt in logischer Konsequenz als Übertragung der Erbsünde. Die alten Bluttabus lebten wieder auf: Eine menstruierende Frau durfte keine Kirche betreten, verfügte Gregor I. schon um das Jahr 600. Wenn der Mensch ein „Abbild Gottes" sei (Gen 1,27), dann könne die Frau kein vollwertiger Mensch sein! Das verkündete Magister Gratianus, Benediktinermönch an der Universität Bologna. Gratian hat alle damals geltenden Regeln des Kirchenrechts in eine Sammlung („Decretum Gratiani") eingearbeitet, auf die man sich noch Jahrhunderte später berief.

Die Frau als Nicht-ganz-Mensch in der Kirche: Die Spur lässt sich bis in unsere Tage verfolgen. Pius X. ordnete 1903 an, dass Altstimmen in Kirchenchören von Knaben zu übernehmen seien, weil Frauen im Chor nichts zu suchen hätten. Der Kirchenrechtskodex von 1917 verbat Mädchen und Frauen das Ministrieren. Ausnahme: wenn kein Mannsbild verfügbar war. In diesem Fall aber durften Ministrantinnen unter keinen Umständen in den Altarraum kommen, sondern mussten „von ferne" auf die Gebetsformeln des Priesters antworten.

Eine bemerkenswerte Formulierung fand Johannes XXIII. 1963 in seiner Enzyklika „Pacem in terris", wo er Männern wie Frauen das Recht zugestand, „einer Berufung zum Priestertum oder zum religiösen Leben" zu folgen. Das wird bis heute separierend gedeutet: Männer zum Priestertum, Frauen zum Ordensleben. Aber man könnte es auch großzügiger auslegen: beide zu beidem. Oder auch wieder nicht, denn Paul VI. sagte 1976 unmissverständlich: Der Erlöser war ein Mann, also kann nur ein Mann Priester sein! Das wiederholte Johannes Paul II. 1994 in feierlicher und „endgültiger" Form. Aber auch das sollte niemanden entmutigen, hatte doch auch Bonifaz VIII. schon 1298 ein Gesetz verkündet, dessen Geltung „ewig“ sei und „niemals in Frage gestellt werden darf“: nämlich dass alle Nonnen welchen Ordens immer und überall in der Welt ihr Leben „in ununterbrochener Klausur“ hinter Klostermauern verbringen müssten. Darüber lacht Mutter Teresa noch heute im Grab.

Die Lust zu „endgültigen“ Festlegungen hat Päpste immer wieder überkommen und Nachfolger nie daran gehindert, sie abzuändern. Umso mehr fühlen sich heute die Anwälte der Gleichwertung von Frauen auch in der Kirche zu dem Verlangen ermutigt, die Erklärungen des Zweiten Vatikanischen Konzils, wonach jede Art der Diskriminierung von Frauen „überwunden und als Gegensatz zur Absicht Gottes abgestellt werden muss“ (Gaudium et Spes, 29), auch auf die Kirche anzuwenden.

Verhütung und Abtreibung in einem Satz

Also gut: Endlich sind wir beim heißesten Eisen der meisten Kirchendebatten und jenem, an dem sich Männer der Kirche am öftesten und stärksten die Finger verbrennen. Wenig erregt gläubige Katholikinnen und Katholiken mehr als die beharrliche Gleichwertung von Empfängnisregelung und Schwangerschaftsabbruch in Äußerungen des kirchlichen Lehramtes (das stets beide Begriffe im selben Satz oder Absatz behandelt). Zwar hat Johannes Paul II. in der Enzyklika „Evangelium vitae“ diese beiden „ihrer Art nach verschiedenen Übel“, aber immer noch „Früchte ein und desselben Baumes“ genannt und beide der „Kultur des Todes“ zugezählt. Ein Blick in die Geschichte macht auch hier einiges besser verständlich.

„Verhütung und Abtreibung wurden in der Geschichte der Kirche oft miteinander verbunden, weil viele frühe Schriftsteller beide als Ergebnis von Zauberei und Hexerei sahen“, lesen wir in „Rome Has Spoken“. Wenn es Kirchenlehre war, dass

Sex nur der Zeugung wegen duldbar war, musste Zeugungsverhinderung als schwere Sünde gelten. Deshalb verurteilte der heilige Augustinus mit Nachdruck auch die periodische Enthaltsamkeit. Und so kam es, dass immer mehr Kirchenmoralisten Verhütung als „so übel wie Mord" bewerteten, weil dadurch die „Produktion" neuer Christen bewusst verhindert werde. Abtreibung im Frühstadium wurde nicht als schwerere und von manchen sogar als geringere Verfehlung betrachtet, weil man damals glaubte, dass erst mit der Einnistung der befruchteten Eizelle in der Gebärmutter die Seele des Menschen vom Schöpfer geformt würde.

Jetzt aber kam ein besonders erschwerender Grund für die Tötung ungeborenen menschlichen Lebens dazu: Ein Fötus konnte nicht getauft werden und daher auch nie in den Himmel kommen! Theologen erfanden für diese bemitleidenswerten Kreaturen einen eigenen Ort, den Limbus, der irgendwo zwischen Fegefeuer und Himmel lag: nicht so schön wie der Himmel, aber nicht so schrecklich wie die Hölle, die doch diese armen Wesen nicht verdient hatten! Diese heute lächerlich anmutende mechanistische Sicht des Wirkens Gottes – wenn das Wasser nicht über das Kind gegossen werden konnte, galt die Taufe nicht, wenn es keine Taufe gab, war Verdammung unvermeidlich – darf wohl hinter der besonders unnachsichtigen Haltung der Kirche gegenüber dem Schwangerschaftsabbruch vermutet werden.

Immer wieder fällt auf: Fanatische Verteidigung Ungeborener kontrastiert nicht selten mit der weit weniger leidenschaftlich betriebenen Verteidigung geborenen menschlichen Lebens. Ein bedingungsloses Nein zur Abtreibung wird heute von Traditionalisten vielfach als entscheidender Glaubensnachweis verlangt – eine bedingungslose Ablehnung von Krieg ist noch nie mit gleicher Vehemenz gefordert worden.

Wahrscheinlich ist es sinnvoll, an dieser Stelle ein persönliches Bekenntnis abzulegen, um Erregungsdruck beim Weiterlesen zu dämpfen. Ja, ich bekenne mich zum Schutz ungeborenen Menschenlebens und halte jede leichtfertige Abtreibung objektiv für eine schwere Sünde. Ich teile auch die starken Bedenken gegen jede Aufweichung der kirchlichen Position, weil eine Freigabe „unvollständigen" Lebens im Frühstadium auch die Hemmschwelle gegenüber der Tötung bewusstseinsgestörter älterer Menschen senken kann. Gleichzeitig glaube ich aber, dass das Lehramt der Kirche in diesem Zusammenhang einige Fragen zulassen muss, auf die es bisher keine befriedigenden Antworten erteilt hat.

Kann es nicht wirklich ernsthafte Gründe geben, eine Schwangerschaft nicht auszutragen – medizinische, psychische, auch soziale? Ist es da nicht erlaubt, Pro- und Kontragründe gewissenhaft abzuwägen, wie es katholische Moral in anderen Fällen so oft verlangt? Können da nicht auch Bewertungskriterien wie bei der (moralisch erlaubten) Notwehr herangezogen werden, weil ein Kind unter bestimmten Umständen wirklich die Existenz der Mutter bedrohen kann? Der Einwand, bei Notwehr und Nothilfe gehe es um die Abwehr eines Aggressors, hier aber um unschuldige Kinder, hat auch einen Haken: Selbst im „gerechtesten" Verteidigungskrieg sterben unschuldige Menschen, oft in großer Zahl (man denke an den Zweiten Weltkrieg, der zur Niederringung des Tyrannen Adolf Hitler notwendig war), und die katholische Morallehre nimmt es hin!

Die entscheidende Frage aber ist die nach dem Beginn des Menschseins. Dass mit der Verschmelzung von Ei- und Samenzelle der ganze künftige Mensch genetisch vorprogrammiert ist, steht außer Frage. Ob aber die Vorstellung, dass Gott genau in diesem Augenblick eine Seele „schafft" (früher sagte man: „einhaucht"), wirklich in dieser mechanistischen Form zutrifft, darf hinterfragt werden. Ist das nicht noch eine Leib-Seele-Bild aus vormoderner Zeit, ein Dualismus, vor dem nicht nur der Anthropologe und Theologe Teilhard de Chardin warnte? Ist Seele nicht eine Art Lebensprinzip, das allmählich, also evolutiv, das Leben des Embryos zu einem Menschen werden lässt, während die Theorie, die Gott als Seelenschmied bei jedem Geschlechtsakt sieht, die Seele eigentlich viel mehr zu einer Art Materie macht? Ist die Menschwerdung auch im Mutterleib nicht eher ein Prozess als das Werk eines Augenblicks? Darüber muss man zumindest nachdenken dürfen, wie es heute auch religiös-gläubige Wissenschaftler tun.

Auf die Frage, nicht wann menschliches Leben, sondern wann Menschsein beginnt, hat weder die Wissenschaft noch die Theologie eine alle überzeugende, fertige Antwort. Das Weiterdenken muss nicht nur erlaubt, sondern geboten sein. Wahr ist aber auch, dass in dieser Denkschiene die besseren Antworten zu finden sind als die ein wenig verlegene Botschaft „Helfen statt strafen“, die den Gegensatz zwischen Kirchenlehre und Lebenswirklichkeit durch Barmherzigkeit zu überbrücken sucht. Helfen kann man nur verzweifelten Schwangeren, die das Kind eigentlich haben möchten, aber nicht jenen, die einen Abbruch mit ihrem Gewissen vereinbaren können. Diesen ein Abtreibungsmittel (Pille oder was immer) aus der Hand zu reißen ist wie das Verwehren von Verhütungsmitteln: Weil man den Menschen kein sittliches Urteil zutraut, nimmt man ihnen die Mittel zur Sünde weg: eine Entmündigung!

Über den Beginn des Menschseins mehr nachzudenken ist aber auch deshalb geboten, weil in der Tat manche Verhütungsmethode erst nach der Befruchtung wirksam wird (Spirale, manche Pille) und daher einer Abtreibung gleichkommt. Das zu verschweigen ist unfair, wird aber praktiziert und erklärt wohl einen Teil der Bitterkeit dieser Debatte. Dafür müsste in eine ehrliche Diskussion auch der Hinweis auf die weggefallene Befürchtung eingebracht werden, abgetriebene Kinder wären zu ewiger Unerlöstheit verdammt. So könnten beide Seiten in dieser Kontroverse ein wenig vom Aggressionspotential abbauen, was der Sache nur gut täte. Und eins sei zum Schluss, aber beileibe nicht als das schwächste Argument, angeführt: Wenn Frauen in der Kirche gleichwertig mit zölibatären Männern mitzureden und mitzuentscheiden hätten, wäre allein schon die Sprache, in der über dieses Thema diskutiert wird, eine andere.

Unfehlbare Kirche: Wer? Wann? Wie?

Eine katholische US-Wochenzeitung hatte Anfang 1999 den Einfall, einen Journalisten mit den Durchschnittskenntnissen über die katholische Kirche, wie sie ein heutiger Reporter aufweist (also geringen), ein Interview mit einem römischen Diözesanpriester des Jahres 999 über den Papst der letzten Jahrtausendwende, Silvester II., führen zu lassen. Das Frage- und Antwortspiel könnte dann etwa so gelaufen sein: Wie kam es, dass nun erstmals ein Franzose zum Papst, also Stellvertreter Christi auf Erden, erwählt worden ist? Antwort: „Was heißt Papst? Viele Bischöfe tragen diesen Namen, in der Ostkirche auch Priester. Und alle Bischöfe sind Stellvertreter Christi auf Erden, nicht nur der von Rom!“ (Der Exklusivtitel „Papst“ für den Bischof von Rom existiert erst seit 1073, der „Stellvertreter“-Titel ist erst seit dem 13. Jahrhundert für ihn reserviert.)

Welche Kardinäle haben im Konklave Silvester II. zu einer Zweidrittelmehrheit verholfen? „Diese Frage verstehe ich nicht. Silvester II. wurde vom Klerus und vom Volk von Rom gewählt – offiziell jedenfalls. Tatsächlich hat ihn sein Freund, Kaiser Otto III., durchgeboxt.“ (Erst im elften Jahrhundert reservierte Papst Nikolaus II. das Wahlrecht für den Bischof von Rom Kardinalbischöfen; das Konklave im vollen Wortsinn gibt es erst seit 1271.) Wird der neue Papst jetzt gleich gesinnte Bischöfe ernennen und an die Kurie berufen? „Wie soll das gehen? Der Bischof von Rom kann nur die Bischöfe kleiner Nachbardiözesen und solche im Kirchenstaat ernennen. Überall sonst wählen Klerus und Volk den Bischof. Und römische Kurie: Was ist das?“ (Sie wurde als Verwaltungsapparat des Papstes erst 1588 von Sixtus V. eingerichtet.) Wie wird der neue Papst wohl seine Unfehlbarkeit handhaben? Verständnisloses Staunen: Bis zu dieser waren es noch 871 Jahre hin ...

Der „National Catholic Reporter“ hat mit diesem am 22. Januar 1999 veröffentlichten fingierten Interview erneuerungsorientierten Katholiken großen Trost gespendet. Nichts war 999 in Rom, wie es 1999 ist. Worüber werden Interviewleser im Jahr 2999 lachen? Dass der Heilige Geist die Kirche auf ihrer Pilgerschaft durch Welt und Zeit begleitet, war immer eine lebendige Vorstellung der Christen. Aber man schrieb die Unfehlbarkeit nicht einer bestimmten Person und nicht jeder kirchlichen Entscheidung zu, sondern glaubte, dass der Geist Gottes in der ganzen Kirche wirkte, sie langfristig vor schweren Irrtümern bewahren und immer wieder auf den rechten Weg zurückführen würde.

Auch die Kirche von Rom wurde etwa eineinhalb Jahrhunderte lang kollegial geleitet. Der Vorrang-Anspruch wurde ursprünglich auf Petrus und Paulus gemeinsam zurückgeführt. „Wo Petrus ist, ist die Kirche“, erklärte um das Jahr 320 der heilige Ambrosius. Das „Rom hat gesprochen, die Sache ist erledigt“ wurde von Bonifaz I. um 420 proklamiert, aber keineswegs sogleich durchgesetzt. Im Gegenteil: Das Zweite Konzil von Konstantinopel schloss den regierenden Papst Vigilius 553 wegen Häresie aus der Kirche aus. Gleiches widerfuhr Papst Honorius 681 durch das Dritte Konzil von Konstantinopel. Und noch einmal wurde ein Papst – 1634 Johannes XXII. – wegen Häresie angeklagt. Unfehlbarkeit machte in aller Form erstmals Gregor VII. in seiner Bulle „Dictatus papae“ 1074 geltend: „Die römische Kirche hat niemals geirrt und wird gemäß dem Zeugnis der Schrift niemals irren.“

Aber der zunehmend stärker werdende Anspruch der Päpste wurde im 15. Jahrhundert von ökumenischen Konzilen zurückgewiesen. „In Fragen des Glaubens [...] steht ein allgemeines Konzil über dem Papst“, las man in dem schon an anderer Stelle zitierten Kirchenrechtsdekret des Gratian von 1140, denn: „Obwohl der römische Papst gelegentlich geirrt hat, gilt dies nicht für die römische Kirche, die ja nicht aus ihm allein besteht, sondern aus allen Gläubigen; Kirche ist ja die Gesamtheit der Gläubigen.“ So hatte auch Bischof Abu Quarra im neunten Jahrhundert den Begriff Unfehlbarkeit zum ersten Mal verwendet und damals auf ökumenische Konzile bezogen. Bonifaz VIII. proklamierte, wie schon erwähnt, Unterwerfung unter das römische Papsttum als Voraussetzung für das ewige Heil für jeden Erdbewohner. 1414 aber rettete das Konzil von Konstanz das Papsttum, das damals von drei Päpsten gleichzeitig reklamiert wurde, indem es alle drei zum Rücktritt und zur Einigung auf einen Kompromisskandidaten zwang und den Vorrang des Konzils vor dem Papst proklamierte. Schon Pius II. drehte diese Rangordnung 1460 wieder um, aber die Idee eines Konzilsvorrangs hielt sich, nicht zuletzt in Frankreich und Deutschland, bis ins 19. Jahrhundert hinein. Und interessanterweise schrieb Paul II. in der Enzyklika „Ecclesiam Suam“ 1964, er habe „keine Absicht, neue oder letzte Dinge zu behandeln, [denn] dafür ist das Ökumenische Konzil da.“

In den Wirren der Reformation hat sich in der katholischen Kirche die Idee eines „starken Mannes“ immer mehr durchgesetzt. 1854 versuchte sich erstmals ein Papst mit der eigenmächtigen, mit den Bischöfen aber vorher abgesprochenen Definition eines Dogmas (Maria als unbefleckt = erbsündelos Empfangene). 1869 berief Pius IX., der zum längstregierenden Papst der Geschichte werden sollte (32 Jahre), das Erste Vatikanische Konzil ein, ohne die Bischöfe im Voraus von seiner Absicht zu informieren ein Unfehlbarkeitsdogma einzuführen. Als die Vorlage dann auf dem Tisch lag, gab es Proteste, Widerspruch aller Art, Handel und Händel hinter verschlossenen Türen. Als es zur Abstimmung kam, war ein Drittel der Bischöfe aus allen möglichen Gründen schon wieder heimgereist, darunter auch der Unfehlbarkeitsgegner Kardinal Joseph Othmar von Rauscher aus Wien. Die mit Ja stimmenden Bischöfe vertraten nicht mehr als 44 Prozent der damals lebenden 180 Millionen Katholikinnen und Katholiken der Welt.

Nur ein Papst (Pius XII.) hat seither die Möglichkeit genutzt „ex cathedra" ein Dogma (von der leiblichen Aufnahme Mariens in den Himmel) zu verkünden (1950). Aber den gleichfalls von Vaticanum I verkündeten obersten Jurisdiktionsprimat in kirchlichen Leitungs- und Disziplinfragen haben Päpste seither gern und Johannes Paul II. liebend gern in Anspruch genommen. Klar entschied Vaticanum II im Sinne frühchristlicher Tradition: „Die Gesamtheit der Gläubigen kann im Glauben nicht irren" (Konstitution Lumen gentium, 12). Auch im Weltkatechismus von 1993 ist dieser Satz (Punkt 92) nachzulesen.

Vorsichtshalber hatte die Glaubenskongregation schon 1973 festgehalten: „Gemäß katholischer Lehre erstreckt sich die Unfehlbarkeit des Lehramtes der Kirche nicht nur auf das Glaubensgut, sondern auch auf die Dinge, ohne die dieses Glaubensgut nicht angemessen gesichert und erklärt werden kann." Verbalimperialismus in Kautschukform: Ein solcher Satz hat wenig Zukunft. Und Vergangenheit auch nicht, bedenkt man, dass Leo I. schon um 455 verkündet hat: „Was alle angeht, soll von allen behandelt und gebilligt werden."

Klar ist heute: Unfehlbar ist die gesamte Kirche und der Papst nur insoweit, als er deren übereinstimmende Überzeugung ausspricht. Die Detailaussagen der beiden Vatikan-Konzilien dazu sind dennoch verwirrend, weil man ihnen genau anmerkt, dass der zweite Text den ersten überholen, aber ihm doch irgendwie nicht widersprechen sollte. Eine Klärung ist notwendig. Kriterien dafür hat schon 1969 ein kluger Theologe geliefert: „Wo es weder eine Übereinstimmung in der Gesamtkirche noch ein klares Zeugnis in den Quellen gibt, ist keine bindende Entscheidung möglich." Aber als er dies schrieb, war Joseph Ratzinger noch nicht Kardinal.

Angst vor Demokratie – eine förmliche Neurose

In allen Entwicklungsphasen ihrer Geschichte hat die Kirche Lebensformen der jeweiligen Zeit auch zu den ihren gemacht. So sind Griechisches und Römisches, Feudales und Nationales, Bürgerliches und Proletarisches in ihr Erscheinungsbild und auch in ihre Denkmuster eingeflossen. Nur mit Demokratischem hat sie sich nie eingelassen. So müsste man jedenfalls glauben, wenn man heutige Traditionalisten von der Unmöglichkeit reden hört, Kirche könnte sich je für Demokratie erwärmen. Aber das ist der größte aller Irrtümer, auf den man hereinfallen kann. So etwas wie Demokratie hat es in allen Epochen der Kirchengeschichte gegeben.

Das begann schon mit dem Apostelkonzil, auf dem es um die Frage ging, ob das Christentum eine jüdische Sekte mit jüdischen Lebensformen bleiben oder als etwas Neues gepredigt werden sollte. Darüber lesen wir in der Apostelgeschichte (Apg 15): Paulus und Barnabas wurden von der ganzen Gemeinde in Jerusalem empfangen. Dann wurde eingehend diskutiert. „Als ein heftiger Streit entstand“, sprachen nacheinander Petrus, Paulus und Barnabas. Dann schlug Jakobus einen Kompromiss vor. Zuletzt „beschlossen die Apostel und Ältesten zusammen mit der ganzen Gemeinde“ die Entsendung einer Delegation zu denen, die unsicher geworden waren, und die Abordnung berichtete: „Der Heilige Geist und wir haben beschlossen“: Ein wunderbares Modell für Entscheidungsfindung in der Kirche!

Die vier „heiligen“ Konzilien danach – Nikaia (Nicaea) I, Konstantinopel I, Ephesos und Chalkedon –, zwischen 325 und 451, waren entscheidend für die ersten grundlegenden Definitionen des Glaubens durch Zurückweisung von Irrlehren. An keinem der vier nahm der Bischof von Rom teil. Alle vier wurden vom jeweiligen oströmischen Kaiser einberufen und geleitet. Den Papst vertraten Legaten: zum Teil Bischöfe, zum Teil Priester. Beim Konzil von Chalkedon waren Bischöfe und in deren Vertretung auch Priester, Diakone, Lektoren und sogar ein Subdiakon stimmberechtigt. Gebildete Laien durften als Beobachter zuhören; die Folge: über theologische Streitfragen wurde auch an Brunnen und Marktständen debattiert.

In einem Brief an Kaiser Michael bestritt Papst Nikolaus I., dass an früheren Konzilien auch Laien teilgenommen hätten; bemerkenswert ist aber der Zusatz: „[…] außer vielleicht an solchen, in denen Fragen des Glaubens abgehandelt wurden, der ja nicht nur die Kleriker, sondern auch die Laien, ja alle Christen angeht“. Das Konzil von Basel konstituierte sich 1431 ganz in der Art eines Parlaments nach Nationen und Deputationen. „Überall waren die Nichtbischöfe weit in der Überzahl“, lesen wir in Band 2 der Reihe „Theologie im kulturellen Dialog“, mit der die Katholisch-Theologische Fakultät der Universität Graz ihre gründliche Schwerpunktstudie zum Thema Kirche und Demokratie 1997/98 dokumentiert hat. Das Konzil von Konstanz verkündete 1417, dass Synoden dieser Art direkt von Christus ihre Zuständigkeit bezögen und jede andere Macht, „auch die päpstliche", in Fragen des Glaubens gehorsamspflichtig sei. Ebenso wurde damals beschlossen, „in alle Zukunft" alle zehn Jahre ein allgemeines Konzil abzuhalten. Ob es, hätte man sich daran gehalten, hundert Jahre später zur Reformation oder nicht doch schon früher zu einer Reform gekommen wäre?

Immer hat die Kirche auf Konzilien abgestimmt – auch und nicht zuletzt über Fragen des Glaubens! So weit möchte heute kein Mensch mehr gehen. Aber in Fragen der Kirchenordnung, etwa der Bestellung von Bischöfen, die jahrhundertelang von Klerus und Volk gewählt, dann lange Zeit nach dem Grundsatz „Wahl durch den Klerus, Bestätigung durch das Volk" ernannt und später vom Domkapitel erkoren wurden, hat Demokratie eine viel längere Tradition als die jetzige Methode, die erst seit 1917 im Kirchenrecht verankert ist.

Auch Univ.-Prof. Joseph Ratzinger, der zusammen mit Univ.-Prof. Hans Maier 1970 das Büchlein „Demokratie in der Kirche" herausgab, bezeichnete darin die 1800 Jahre alte Formel des heiligen Cyprian („Nichts ohne den Bischof, nichts ohne den Rat der Priester, nichts ohne die Zustimmung des Volkes") als „klassisches Modell kirchlicher Demokratie". Jahrhundertelang haben die Domkapitel Bischöfe gewählt – eine Regelung, die etwa in der Erzdiözese Salzburg noch heute gilt, sobald ein Dreiervorschlag des Papstes vorliegt.

Immer hat die Kirche auch ihre Päpste gewählt – zuerst wie jeden Bischof durch Klerus und Volk, seit 1271 im Kardinalkonklave. Auch männliche und weibliche Ordensobere werden gewählt – meist auf Zeit. So konnte der amerikanische Jesuitensoziologe Andrew Greeley zutreffend zu dem Schluss kommen: „Die ersten tausend Jahre lang war die katholische

Kirche ganz eindeutig eine Demokratie – die Bischöfe wurden durch den Klerus und das Volk ihrer Diözese gewählt (einschließlich des Bischofs von Rom) [...]. Wenn man die Dinge präzise formulieren will, muss man sagen, dass die Kirche theoretisch eine Demokratie ist und einmal eine Demokratie war, dass sie zur Zeit keine Demokratie ist, aber wieder einmal eine werden sollte."

So weit gehen viele Erneuerer hierzulande gar nicht, sondern sprechen lieber von „kollegialen" und „synodalen" Strukturen, die es neu zu beleben gelte. Aber angesichts einer dermaßen erdrückenden Faktenlage ist es unverständlich, warum einige Traditionalisten sich heute mit solcher Verbitterung gegen das „Missverständnis" wehren, die Kirche könnte auch nur im Entferntesten mit Demokratie etwas zu tun haben. Der Verdacht verdichtet sich, dass die Angst der Mächtigen in der katholischen Kirche vor der Demokratie Symptom einer Neurose ist, die das Lexikon als seelische Störung auf Grund einer Fehlverarbeitung eigener Erlebnisse definiert. Optimisten können da immerhin noch auf eine richtige Verarbeitung der Vergangenheit hoffen.

Wie Salzburg zu retten ist

Wo ohne Papst derzeit nichts weitergeht

Aus dem ganzen vorangehenden Kapitel „Oft hat die Kirche schon geirrt“ werden gläubige Katholik/inn/en sinnvollerweise nur einen Schluss ziehen: „Gott sei Dank, das gibt Hoffnung!“ Der andere Schluss („Bei so viel Irrtum gibt es keine Hoffnung mehr!“) wäre, mit Verlaub gesagt, primitiv. Fast so primitiv wie: Die Kirche dürfte eigentlich nie irren! Das wäre geradezu unheimlich. Hätte die Kirche im Umfeld der griechischen Philosophie sofort die absolute Gleichwertigkeit der Frau oder das unverzügliche Ende von Sklaverei und Krieg verkündet: Kein Mensch hätte sie damals verstanden, kein Herrscher hätte sie zu Wort kommen lassen, kein frommer Christ und keine fromme Christin hätten ihr geglaubt. Mehr noch: In einer Zeit ohne wirksame Empfängnisverhütungsmittel diente eine einschränkende Sexualmoral dem Menschen, und auch göttliche, kirchliche Gesetze sind für die Menschen da, nicht umgekehrt.

Kirche mit dem am ersten Tag vorhandenen Wissen einer mehrtausendjährigen Weltgeschichte hätte Angst eingejagt oder Lachen hervorgerufen, Glauben nicht. Mit anderen Worten: Kirche kann nur glaubwürdig sein als Kind ihrer jeweiligen Zeit, ihrer jeweiligen Sozialisations- und Kulturstufe, und das heißt auch: mit deren jeweiligen Irrtümern. Das ist freilich auch eine Last, mit der nicht leicht umzugehen ist. Da es kaum eine zweite Institution gibt, die sich ihre Identität so lange bewahrt hat, kann sie auch bei niemandem Rat holen. Sie muss also selbst aus ihrer Geschichte klug werden. Immerhin hat sie einzusehen begonnen, dass man Autorität nicht verliert, sondern gewinnt, wenn man Fehler der Vergangenheit zugibt und nicht abstreitet oder totzuschweigen versucht.

Wegen der schrecklichen Judenverfolgungen hat sie sich schon entschuldigt, ebenso für die Galilei entgegengebrachte Arroganz sowie für zwei Dutzend andere Fälle von Fehlverhalten, und für das von ihr ausgerufene „Heilige Jahr" 2000 hat Rom noch einen weiteren Schüppel Entschuldigungen in Aussicht gestellt. Das hat ihr noch niemand nachgemacht. Aber eins hat sie bisher nie so richtig geschafft: Auch in Glaubensentscheidungen Irrtümer einzugestehen. Das ist halt wirklich besonders bitter. Irgendwie scheint sich jeder ehrliche Papst zu sagen: Zu dumm, da haben sich doch tatsächlich alle meine Vorgänger peinlich geirrt – aber mir wird das nicht mehr passieren! In dem „Mir nicht" liegt jedoch schon der neue Irrtum. Und so wird eine Peinlichkeit nach der anderen zur Kettenreaktion ausufernder Blamagen.

Klarzumachen war: Künftige Päpste können Spektakuläres an der katholischen Kirche ändern, ohne dass diese dann „nicht mehr katholisch" wäre, wie so viele zu fürchten scheinen. Ganz ohne Zynismus kann man sagen: Gerade dann ist die katholische Kirche authentisch katholisch, wenn sie einen Irrtum korrigiert, denn je öfter man sich präzise festlegt, umso öfter muss man hinterher korrigieren! Manchmal tut sie es, wie wir in den vorangehenden Kapiteln gesehen haben, durch eine klare Neubewertung. Manchmal (eigentlich oft) redet sie überhaupt nicht von der Vergangenheit, sondern fängt einfach neu zu reden an. Bisweilen leitet sie auch eine Kurskorrektur mit dem kühnen Satz ein: „Wie wir schon immer gelehrt haben …" Soll sein. Manche nicht katholische Kirchen sind mit ihren Schuldeingeständnissen noch viel zurückhaltender.

Für solche, die auf Erneuerung hoffen, genügt die Erkenntnis: Nichts ist unmöglich! Was Traditionalisten so sehr befürchten, ist hunderte Male passiert. Keine der heutigen Streitfragen ist hoffnungslos festgefahren. Ein künftiger Papst kann und wird etwas tun. Freilich nicht mehr der jetzige. So realistisch und einsichtsvoll müssen wir sein: Nach einem mehr als 20 Jahre dauernden Pontifikat ist einem alten, müde gewordenen, von Arbeitsstress und Attentat gezeichneten Mann nicht noch ein großer neuer Wurf zuzumuten. Deshalb sollten wir beim Durchblättern der Wunschliste der Salzburger Delegiertenversammlung vom Oktober 1998 nüchtern feststellen: Frauendiakonat, Frauenpriester, Priester mit (vor oder nach der Weihe angelegtem) Ehering, ein Ja zur Pille und zur heimischen Bischofswahl dürfen wir von Johannes Paul II. nicht mehr erwarten.

Man darf die Themen nicht einschlafen lassen, aber es hat wenig Sinn, ihn damit wieder und wieder persönlich zu traktieren. Dieser Papst hat viel geleistet. Mehr ist nicht mehr drin. Ein künftiger Papst aber ist für jede Überraschung gut. Wenig gedient wäre der Kirche mit einem, der sich unsicher ist, vor jeder Entscheidung zittert und sich hinterher dafür entschuldigt. Ein solcher Papst wäre Wachs in den Händen des Apparats. Einen, der den Mut zu Neuerungen hat, wird aber auch der Apparat nicht behindern: Ein Apparat ist seinem Wesen nach opportunistisch! Wenn die Lieblingsfarbe des Chefs Blau ist, färben sich die Abteilungsleiter im Notfall auch ihre Haare blau. Aber wenn ein roter oder ein gelber Chef kommt …

Was Rom nicht stoppen kann und wird

Beim Salzburger Delegiertentag wurden von den knapp 300 von den Bischöfen bestellten Vertreterinnen und Vertretern des katholischen Volkes in Österreich insgesamt 35 „Meinungsbilder" ermittelt. (So mussten die Abstimmungen genannt werden, damit auch traditionalistische Bischöfe diesem „unverbindlichen" Vorgang zustimmen konnten; Begriffe wie „Abstimmung" und „Beschluss" hätten Demokratie- und Kompetenzängste ausgelöst.) Von den 35 Punkten fielen nach geltendem Kirchenrecht vielleicht sechs oder sieben eindeutig in die Zuständigkeit des Papstes. Auch über sie kann und soll man in den Pfarren weiterreden.

Schön wäre, wenn die Mitglieder der Pfarrgemeinderäte darüber auch abstimmen könnten, denn dann fiele endlich der Vorwurf weg, in Salzburg hätten „Kirchenprofis" abgestimmt, die sich in ihrem Denken vom „einfachen" Kirchenvolk schon weit entfernt hätten. (Bischof Krenn: „In Salzburg war das Komplizierte da.") In Wahrheit ist durch repräsentative Umfragen wiederholt nachgewiesen worden, dass selbst die weitestgehenden Forderungen des Kirchenvolks-Begehrens von satten Mehrheiten der Katholiken und Katholikinnen Österreichs bejaht werden. Außerdem haben Diözesansynoden in Österreich und in Deutschland schon vor 30 Jahren zu denselben Themen gleiche Beschlüsse gefasst. Die Wünsche des Kirchenvolks sind also jahrzehntelang aktenkundig. Ihre sträfliche Missachtung durch Amtsträger der Kirche rächt sich heute bitter. Aber lassen wir diese Reizthemen einmal beiseite.

Eine ganze Menge von dem, was in Salzburg eindeutig bejaht worden ist, kann in den einzelnen Diözesen und Pfarren ohne Behinderung durch Rom weiterbehandelt werden. Zum Beispiel der geforderte ökumenische Dialog: Welch ein Segen wäre es, wenn katholische Christen religiöse Gespräche mit Christen anderer Bekenntnisse, aber auch mit Muslimen, die es ja schon in großer Zahl in allen Ländern Mitteleuropas gibt, in der Heimatgemeinde, im Heimatbezirk, führten. Und natürlich mit Juden, soferne solche noch oder wieder in unserer

Mitte leben. Zwischen den Kirchenführern „oben“ läuft im Regelfall alles bestens; Ökumene im Dorf, im Stadtbezirk – das wäre endlich die notwendige Ergänzung! Der für Advent 1999 in Österreich ausgerufene „Christentag“ ist ein fruchtbares Zeichen einer solchen Gesinnung.

Über Sakramentenseelsorge könnte in den Pfarren einmal durchaus systematisch diskutiert werden: Was ist das Wesen eines Sakramentes? Wer ist wirklich davon ausgeschlossen? (Wer „hartnäckig in einer offenkundig schweren Sünde verharrt“, heißt es in Canon 915 des Kirchenrechtskodex, aber kann ein Priester das objektiv feststellen? Warum nur bei wieder verheirateten Geschiedenen?)

Bischof Paul Iby hat nach dem Scheitern der außerordentlichen österreichischen Bischofskonferenz um die Jahreswende 1998/99 blitzartig in der Diözese Eisenstadt den „Dialog für das Burgenland“ eröffnet und außerdem die gesamtösterreichische Plattform „Jugend“ auf Schienen gestellt. Applaus!

Eine andere Salzburger Abstimmung war eine Ermutigung für die 8000 Religionslehrer/innen in Österreich; man sollte nicht nur über sie, sondern vor allem auch mit ihnen reden! Die Hinführung Erwachsener zu Taufe, Firmung oder Wiedereintritt in die Kirche (alle diese Dinge sind heute viel aktueller als früher) müsste in jeder Diözese sorgfältig betrieben werden. Dafür hat ja auch die Bischofskonferenz im Januar 1999 die Pastoralkommission Österreichs eingeschaltet: ein allgemein positiv aufgenommenes Signal.

Die Weitergabe des Glaubens ist ein weites Feld, das viele Begabungen und Charismen herausfordert. Für diese Themen haben vor dem Salzburger Delegiertentag die meisten Teilnehmer ihr Interesse angemeldet. Alle wissen, dass die Kirche hier ohne das selbstlose Engagement von Frauen weniger als die Hälfte dessen wäre, was sie immer noch ist. Wo immer es schon nach geltendem Kirchenrecht möglich ist, sollten

Frauen auch in Leitungspositionen gewählt werden. Da müssen noch viele Laienmänner ebenso Vorurteile ablegen wie geweihte Männer! Einige Bischöfe trauen sich schon, Frauen in die Diözesanleitung zu berufen. Die anderen sollten es ihnen nachmachen! In einigen Diözesen gibt es bereits Frauenkommissionen für frauenspezifische Probleme. Warum trauen sich andere nicht? Und auch eine gesamtösterreichische Frauenkommission bei der Bischofskonferenz würde der Vatikan gewiss nicht beeinspruchen. Wer verhindert sie?

Natürlich ist für die Förderung von Familien, für die Schaffung eines kinderfreundlichen Klimas die Pfarre der am besten für Initiativen und Aktionen geeignete Ort. Der Fantasie sind keine Grenzen gesetzt. „Die Kirche übernimmt hier eine Vorreiterrolle", lesen wir im Begleittext zu diesem Thema. Tut sie's wirklich? Familien sind auch der Ort, wo praktiziert werden muss, was in gemeinsamer Beratung in Pfarren durchdacht und besprochen werden kann: wie am besten eine „Kultur des Lebens" gefördert werden kann, die Schwangeren in Not ebenso Auswege aus einer möglichen Lebenskrise bietet wie Kranken und Alten das Bewusstsein vermittelt, dass sie nicht vergessen und bis zur Stunde ihres natürlichen Sterbens in der Gemeinschaft geborgen sind – tausend Chancen für angewandtes Christsein im unmittelbaren Lebensbereich, für die man aus Rom keine Schelte, sondern ausdrückliches Lob bezieht. Jetzt müssen die Bischöfe zeigen, dass sie von den Anfang Januar 1999 eingesetzten Projektgruppen zu Ehe, Familie, Scheidung, Wiederverheiratung, geistliche Berufe, Frauen, Bischof-Sein, Feiertagskultur und Jugend auch wirklich konkrete Ergebnisse erwarten.

Eine Reihe der Salzburger Zielsetzungen ist nur in ehrlicher Partnerschaft mit dem Staat erreichbar. Wir können uns freuen, in einem demokratischen Staat mit entwickelter Dialogkultur zu leben, wo eine solche Partnerschaft möglich und vielfach erprobt, aber trotzdem nicht automatisch zu haben ist. Zeitgemäß sind jene Konkordate, die partnerschaftliche Beziehungen zwischen den Kirchen und dem Staat im Interesse der gesamten Gesellschaft möglich machen. Der Anteil, den die Kirchen am Aufbau eines kinder- und familienfreundlichen Klimas im Land haben, dürfte schwer zu bestreiten sein. Die nicht materielle Seite ist dabei in mancher Hinsicht wichtiger als die materielle. Aber eine wirksame Familienförderung muss auch eine staatliche Komponente aufweisen, um die stets gerungen werden muss.

Immer wieder aufflammende Kontroversen bei Änderungen des Ehe- oder Familienrechts und nicht zuletzt der seit 1972 nur notdürftig eingedämmte Flächenbrand des Abtreibungsstreits beweisen, dass die Überzeugungsarbeit der Kirche (aber vielleicht auch so manche Überzeugungsarbeit an der Kirche) noch nicht die notwendigen Ergebnisse erzielt hat. Diese Thematik spielte ja auch bei den Gesprächen von Kirchenvertretern mit den Spitzen der politischen Parteien Österreichs im ersten Halbjahr 1998 eine wichtige Rolle. Vielleicht ist eine hochkarätig besetzte Debatte zum Thema „Schutz des menschlichen Lebens" fällig, bei der Vertreter der Kirche und des Staates zusammen mit Experten der einschlägigen Humanwissenschaften einmal so unvoreingenommen wie möglich alle heute verfügbaren Argumente zu prüfen hätten.

Den Sozialhirtenbrief der katholischen Bischöfe Österreichs aus dem Jahr 1990 hat die österreichische Öffentlichkeit mit Interesse und viel Zustimmung aufgenommen. Die Medien zeigten sich von der bemühten Art der Fakten- und Urteilsbeschaffung aus breiten Kreisen der Öffentlichkeit beeindruckt. Wenn daher Salzburg ein ökumenisches Projekt „Sozialwort der Kirchen“ angeregt hat, muss man sehr hoffen, dass es zustande kommt und darf vom Staat erwarten, dass auch er es ernst nehmen wird. Der Zusatz im Salzburger Text, dass dieses auch „eine Selbstverpflichtung der Kirchen enthalten soll“, ist wichtig.

Bei der Forderung nach einem „Menschenrecht auf Arbeit“ wird sich die Kirche wegen einer Zustimmung des Staates nicht sorgen müssen. Manche Medien werden traditionsgemäß einwenden, ein solches sei, weil nicht einklagbar, auch zu nichts nutze. Aber die halbe Menschenrechtserklärung der UNO ist noch nicht direkt einklagbar und dennoch ein unverzichtbares Dokument auf dem Weg in eine humanere Zukunft. Die geforderte „Erweiterung des herrschenden Arbeitsbegriffes über die reine Erwerbsorientierung hinaus“ wird gleichfalls vom Staat längst angestrebt. Eine Bundesgenossenschaft bei Diagnose und Therapie bietet sich an.

Über die erwerbsunabhängige „Grundsicherung“, die jedem Bürger und jeder Bürgerin ein garantiertes Mindesteinkommen bieten würde, ist es schwer, aber nicht unmöglich, eine theoretische Einigung zu erzielen; eine praktische freilich, die wirksam und finanzierbar ist, hat noch niemand zustande gebracht. Aber die Idee fasziniert immer mehr Menschen. Ein neuer Impuls von kirchlicher Seite könnte ihr neue Aufmerksamkeit verschaffen. Dagegen wird die von der katholischen Kirche zusammen mit Teilen der Gewerkschaften geschmiedete „Allianz für den Sonntag“ wohl weiterhin für Kontroversen sorgen.

Möglicherweise ist die Kirche bei der Bekämpfung liberalerer Geschäftsöffnungszeiten an besonderen Feiertagen zu unflexibel, weil sie außer Acht läßt, dass Einkaufen für die ganze Familie auch Teil eines Feiertagserlebnisses sein kann (wie nicht nur diverse Stiftsbräustübel und die Marktfieranten bei Kirchweihfesten seit Jahrhunderten bezeugen können). Aber bei der Verteidigung eines möglichst vielen Menschen zugänglichen arbeitsfreien Sonntags, der jetzt auch in Deutschland von evangelischer wie katholischer Seite thematisiert worden ist, stehen die Kirchen nicht auf verlorenem Posten.

Mit dem Sonntag wird eine Bastion verteidigt, die zu einer menschenwürdigen Lebenskultur gehört und die man sich nicht mit dem Totschlägerargument „Gefährdung von Arbeitsplätzen" entreißen lassen sollte. Da ist es viel besser, über die Schwesterkirchen in Nachbarländern auf die dortigen Wirtschaftspartner und Regierungen einzuwirken, den Arbeitnehmern möglichst bald höhere Löhne zu zahlen, damit der Anreiz zum Export von Produktionsstätten bei uns nachlässt. Wenn sich die Kirchen möglichst vieler Länder gemeinsam darum bemühen, den arbeitenden Menschen annähernd gleich hohe Sozialstandards zu verschaffen und außerdem möglichst überall in der Welt vergleichbare Umweltauflagen zur Pflicht zu machen, dann würde damit ebenfalls die angestrebte Wettbewerbsentzerrung erreicht, und allen wäre geholfen.

Die in Salzburg versammelten Delegierten der katholischen Kirche haben sich auch mit Flüchtlingen, Asylanten und Ausländern überhaupt solidarisiert. Sie plädierten für einen Abbau von Fremdenangst, aber keinen Abbau der Entwicklungspolitik, und unterstützten einen Schuldenerlass für die ärmsten Länder der Welt, wozu inzwischen auch Deutschland und die USA Ja gesagt haben und Österreich schon zuvor. Dass die angestrebte Erweiterung der Europäischen Union neben Vorteilen auch Übergangsprobleme erzeugt, sollte allen klar sein, aber ebenso, dass sie unverzichtbar und auch von unserem Glauben her geboten ist: Europa ist mehr als Euro, NATO und Transitverkehr.

Freilich darf die neu entfachte Debatte über Verträge zwischen einem Land und dem Heiligen Stuhl („Konkordate") nicht auf die leichte Schulter genommen werden. In Österreich wurde die Frage zuerst von Medien, dann von einigen kleineren politischen Parteien zum Thema gemacht, als die von einigen eifernden Bischöfen angeschlagenen Töne in der Abtreibungsdebatte konträr zu einer starken Volksmeinung liefen. Wer in der Politik mitmischt, so lautete das Argument, muss es ohne Privilegien tun! Man hätte auch unfeiner sagen können: Wer vom Staat so viel Geld annimmt wie die Kirchen in Österreich, darf vom Staat nicht auch noch verlangen, was eine klare Mehrheit der Bevölkerung nicht haben möchte! Das ist ziemlich massiv. Klar, dass jeder Bischof dazu sagt: Wir lassen uns nicht unter Druck setzen! Aber das Grundproblem wird dadurch nicht gelöst: Soll die katholische Kirche in ihrer starken finanziellen Abhängigkeit vom Staat verharren? Derzeit ist keine Konkordatsänderung zu befürchten. Sich überhaupt nicht auf eine solche vorzubereiten, verriete aber sträfliche Nachlässigkeit.

Was von den Bischöfen jetzt erwartet wird

Alles bisher Gesagte zeigt: Es mangelt nicht an Aufgabenstellungen in der katholischen Kirche, für die weder eine Weihe noch eine ausdrückliche päpstliche Erlaubnis erforderlich ist. Wenn die Bischöfe sich nicht einigen können gemeinsam einen Kurs zu steuern, der von den Salzburger „Meinungsbildern" ausgeht und verwirklicht, was im Rahmen des geltenden Kirchenrechts möglich ist, dann muss eben dort weitergearbeitet werden, wo es keine Behinderung gibt.

Allerdings kann eine „Harmonisierung" der österreichischen Wünsche mit den „weltkirchlichen Rahmenbedingungen", von der Kardinal Schönborn sprach, nicht der Weisheit letzter

Schluss sein. Da und dort wird man, am besten zusammen mit Bischöfen anderer Länder, schon auch an den Rahmenbedingungen rütteln müssen. Von anderer Seite geschieht dies schon längst. Nichts trifft so wenig zu wie die von Reform-Saboteuren immer wieder vorgetragene Behauptung, Österreich solle sich mit seinen „Problemchen“ nicht so wichtig machen, denn anderswo stünden ganz andere Anliegen zur Debatte. Gleich nach dem jüngsten Besuch der österreichischen Bischöfe in Rom tagte dort die Bischofssynode für Australien und Ozeanien. Die Rolle der Theologen, die Stellung der Frau in der Kirche, Pflichtzölibat, Homosexualität standen auf der Tagesordnung. Ganz ähnlich zuvor bei der Asien-Synode, die heftig auch den römischen Zentralismus rügte. Amerika-Synode 1997: Rolle der Frau, Rolle der Theologen. Eingaben zum Zölibat kommen seit vielen Jahren aus Lateinamerika.

Und Europa? Die Nationalkonferenz der katholischen Priester von England und Wales wandte sich im September 1998 gegen Versuche des Vatikan, die theologische Debatte einzuschränken. Mit ihrer Stellungnahme befasste sich überwiegend zustimmend anschließend auch der Rat europäischer Priesterkonferenzen in Straßburg, der auch auf eine Fortführung der Debatten über Frauenweihe und Laienarbeit drängte.

Die österreichische Bischofskonferenz hat in den vergangenen Jahren mehrere Wege versucht, um ihre eigene Lähmung zu verhindern. Zuerst war man jahrelang um Einigung bemüht. Der Preis dafür musste in Form ständiger Abstriche und Verwässerungen von Vorlagen zu Gunsten der Traditionalisten bezahlt werden. Bischof Johann Weber hat sich als Vorsitzender der Bischofskonferenz in den Krisenjahren zwischen 1995 und 1998 im Harmoniebemühen das Letzte an Kraft und Nerven abgerungen. Dass der Versuch scheiterte, war nicht seine Schuld.

Als der Preis für einstimmige Beschlüsse zu hoch zu werden begann, entschloss sich der neue Vorsitzende Kardinal Christoph Schönborn im Einvernehmen mit gleich gesinnten Amtskollegen, den Konflikt an die Öffentlichkeit gelangen zu lassen. Einer, der sich dabei sehr wohl zu fühlen schien, scheute sich nicht, das Experiment mitten im Vatikan zu seinen Gunsten zu entscheiden. Der St. Pöltner Diözesanbischof Kurt Krenn tat das Unerhörte und distanzierte sich, als der Kardinal beim Ad-limina-Besuch in Rom im November 1998 den Fünf-Jahre-Bericht aus Österreich überreichte, in aller Form von diesem. Ob Krenn zu Recht kleinere Formfehler bei der Abfassung des Berichts rügte oder nicht, ist in diesem Zusammenhang unerheblich.

Die Herausforderung der Autorität des Konferenzvorsitzenden war unglaublich. Und dem Unglaublichen folgte das Unfassbare: Der Vatikan gab (durch einen Brief von Nuntius Donato Squicciarini) zu verstehen, dass er, zumindest in der augenblicklichen Situation, auf der Seite Krenns stand! Seither kann man nur noch in aller Gelassenheit sagen: Solange der Papst glaubt, der Kirche in Österreich einen Dienst zu erweisen, indem er Bischof Krenn in St. Pölten belässt, soll er ihn dort belassen. Rom muss dann halt auch die Schlussbilanz verantworten.

Für die Bischofskonferenz heißt dies, dass sie in Zukunft wohl eine geringere Rolle als bisher spielen wird. Das ist nicht nur im Sinn des Vatikans, der ohnehin gern daran erinnert, dass das Papst- und das Bischofsamt göttlichen, die Bischofskonferenz aber nur weltlichen Rechtes sei. Die zurückgenommene Rolle ist jetzt auch im Sinn der Mehrheit der Bischofskonferenz selbst, die sich nicht mehr von einigen Traditionalisten ständig blockieren oder zu nichts sagenden Generalformulierungen drängen lassen möchte. Künftig wird die Konferenz eben auch Mehrheitsbeschlüsse fassen, die nur

Empfehlungscharakter haben, und jene, die handeln wollen, werden es in ihrer Diözese tun. Man wird sehen, wie dann ein Bischof dasteht, der in seiner Diözese alle Schritte zur Erneuerung des kirchlichen Lebens blockiert. „Bischof Krenn braucht die Konferenz viel mehr als sie ihn", sagte dazu einer, der die Kircheneingeweide kennt. Und in der Tat: Was tut ein Bremser, wenn er plötzlich bemerkt, dass die anderen weiterfahren und er sich nur noch selber bremst?

Dafür muss man nun hoffen dürfen, dass Bischöfe, die weiterfahren möchten, sich zu mehr als nur zu Halbheiten durchringen. Richtig ist, dass jeder Diözesanbischof für alle Gläubigen seiner Diözese da ist. Daher kann man von ihm nicht erwarten, dass er sich mit irgendeiner Extremposition identifiziert. Er muss für alle und vieles Verständnis aufbringen und häufig wird er inmitten seiner Herde über die Weide ziehen. Auf einer mühsamen Wanderung wird sein Platz vielleicht auch einmal am Ende der Herde sein, um sicherzugehen, dass keines seiner Lämmer zurückbleibt.

Aber dann gibt es Situationen, in denen er vorangehen muss, um Richtung und Ziel zu markieren. Das heißt: Ein Dialog kann nicht nur darin bestehen, dass ein Bischof alle alles aussprechen lässt, wonach ihnen der Sinn steht, und das war es dann auch. Bei den Kontroversthemen, die allmählich wirklich ausdiskutiert sind, muss ein Bischof auch einmal seine eigene Position erkennbar machen (was in Salzburg kaum einer tat) oder die Gläubigen zumindest aufklären, wie er die Situation beurteilt. Darum wird man die Bischöfe künftig also verstärkt bitten müssen.

Die Bischöfe sollen uns aber auch sagen, ob sie mit Lehramtsäußerungen aus Rom voll einverstanden sind oder nicht, und wenn nicht, ob sie ihre Einwände in Rom zur Kenntnis gebracht haben, damit die Glaubenskongregation nicht etwa aus einem grimmigen Schweigen Zustimmung konstruiert und die „Übereinstimmung des Papstes mit dem Episkopat der ganzen Welt" als Beweis für die „Endgültigkeit" einer Entscheidung heranzieht. Wir werden sicher die einzelnen Bischöfe auch nach ihrem Naturell und bisherigen Arbeitsstil beurteilen und es auch zu würdigen wissen, wenn einer, der vielleicht in seiner Diözese besonders von Denunzianten bedrängt ist, eher als „Gewährenlassender" Reformen möglich macht. Aber dann sollen seine Pfarrer und Kapläne zumindest wissen, dass er ein Bemühen um Erneuerung der Kirche von den Wurzeln her nicht behindern wird.

Am Wurzelgrund der Pfarren erleben wir immer noch die unterschiedlichsten Typen. Manche Pfarrer hören verbissen schweigend zu, wenn der Pfarrgemeinderat diskutiert, und was immer dieser beschließt – der Pfarrer tut dann auf jeden Fall das, was er selbst immer hatte tun wollen. Andere halten sich an die Grundregel, dass Pfarrgemeinderatsbeschlüsse nur gültig sind, wenn ihnen der Pfarrer zustimmt. Das steht in manchem Pfarrstatut gar nicht, aber im Kirchenkodex (Canon 536) sehr wohl. Als Gegengewicht zu diesem Pfarrer-Veto schreiben manche Diözesanordnungen dem Pfarrer vor wichtigen seelsorglichen Entscheidungen wenigstens eine Anhörung des Pfarrgemeinderats vor. Wieder andere Pfarrer setzen der Durchführung eines Beschlusses auch dann kein Hindernis entgegen, wenn sie selbst überstimmt worden sind. Etwas verschwommen verlaufen hier die Grenzen schon. Wenn also eine Abstimmung in Salzburg mit großer Mehrheit verlangt hat, „die Mitwirkungsrechte des Pfarrgemeinderats nicht zurückzunehmen, sondern weiterzuentwickeln", dann sollte man bei gutem Willen dafür leicht Möglichkeiten finden. Gleiches gilt für die diözesanen Pastoralräte.

Die ganz große Mehrheit der Priester, nicht zuletzt die älteren, verzehrt sich körperlich und seelisch im Dienst der ihnen anvertrauten Menschen. Unter widrigsten Umständen versehen sie ihre Dienste, mit 80 noch, gebrechlich und ob mancher Enttäuschung oder Erfolglosigkeit frustriert. Diesen Opferdienst muss man einmal wirklich dankbar anerkennen. Dass ihnen die Mühsal der Arbeit mit Pfarrgemeinderäten nicht immer ungetrübte Freude verschafft, ist ganz natürlich. Wer noch nie über die Mühsal der Demokratie geseufzt hat, werfe den ersten Stein. Trotzdem muss man Pfarrer, Kapläne und Pastoralhelfer aller Art um diese Mühsal weiterhin bitten. Immerhin hat bei der letzten Pfarrgemeinderatswahl im März 1997 ein Viertel der erwachsenen Katholiken Österreichs (1,1 von 4,4 Millionen) von ihrem Stimmrecht Gebrauch gemacht (nur 13,4 Prozent in Wien, aber 43,5 Prozent im Burgenland). Das erstmals praktizierte Familienstimmrecht könnte noch Beispielwirkung haben.

Was in den Pfarren geleistet wird, ist immer noch das Herzstück dessen, was Kirche ausmacht, und der stärkste Grund dafür, dass Kirche auch funktioniert, wenn die Bischofskonferenz einmal nicht mehr aus noch ein weiß. Wer immer heute für eine Erneuerung der Kirche kämpft, erhält gerade auch aus Kreisen der Pfarrpriester so viel Ermunterung und Zustimmung, dass es unentschuldbar wäre, dort die Hoffnung zu zertrampeln, wo sie immer noch am stärksten ist. Aber das trauen sich ohnehin auch Bremserbischöfe nicht, die genau wissen, dass sie im Fernsehen keine Sprüche klopfen könnten, wenn ihnen nicht die Pfarrer daheim die Knochenarbeit abnähmen.

Aber eins sollten sich heute alle Bischöfe vor Augen halten: Ihre Kritiker sind möglicherweise die letzte Generation derer, denen ein Bischof noch etwas bedeutet. Unsere Kinder schon regen sich über Reden, Hirtenbriefe und Verhaltensweisen ihrer Bischöfe wenig auf. Sie interessieren sich einfach nicht sehr für sie. Junge katholische Christen beiderlei Geschlechts ignorieren Bischofsworte, wenn sie nicht damit übereinstimmen. Im Extremfall treten sie aus der Kirche aus. Bitten um Reformgehör kommen heute nur noch von reiferen, grundsätzlich bischoffreundlichen Jahrgängen. Einzelne Bischöfe scheinen leider schon zu weltentrückt, als dass sie dies noch wahrnähmen.

Gesamtkirche: Wahrheit in Demut

Rom wird Macht mit unten teilen

„Um ganz in Ordnung zu kommen, muss alles von Grund auf zerstört werden." Das war das Rezept der heiligen Katharina von Siena, die gern als Vorzeigefrau der mittelalterlichen Kirche dafür zitiert wird, dass sie auch den Päpsten Gregor XI. und Urban VI. die Leviten las, um innerkirchlich Frieden zu schaffen. So viel Revoluzzertum ist heute wohl nicht erforderlich. Aber ein kräftiger Schub wird schon nötig sein, um die ganze katholische Kirche wieder ins Lot zu bringen. Denn eins ist sicher: Unter einer Milliarde Katholikinnen und Katholiken menschelt es zu sehr, als dass die Regierbarkeit einer so großen Institution rein aufgrund göttlicher Stiftung gegeben wäre. Mit anderen Worten: Eine Dezentralisierung der Zuständigkeiten, eine Aufgaben- und Kompetenzverteilung, weniger vornehm ausgedrückt: eine Abgabe von zentraler Macht nach „unten" ist in der katholischen Kirche unvermeidlich geworden.

Der frühere Erzbischof von San Francisco und langjährige Vorsitzende der US-Bischofskonferenz John P. Quinn nahm sich in einer Vorlesung in Oxford 1998 kein Blatt vor den Mund: Es sei unzulässig, von notwendigen Strukturreformen mit dem Hinweis auf die nötige geistige Umkehr abzulenken; beides sei unverzichtbar. „Subsidiarität ist nicht nur eine Idee unserer Zeit, sondern sie ist dogmatisch begründet." In der Tat hatte Pius XI., der diesen Eckpfeiler der katholischen Soziallehre 1931 in der Enzyklika „Quadragesimo anno" verankerte, diesen mit jeder nur denkbaren Autorität ausgestattet, weshalb es besonders ärgerlich ist, dass nur die Kirche nicht den Grundsatz befolgt: Was kleinere Teilgemeinschaften besorgen können, soll nicht die jeweils übergeordnete größere Gemeinschaft an sich ziehen. Im Licht dieser Forderung, die zunehmend aus allen Teilen der Weltkirche erhoben wird, könnten wesentliche Kompetenzen ohne Gefährdung der Einheit der Weltkirche von Rom auf eine niedrigere Ebene übertragen werden – durchaus auch im Sinn einer Entlastung der zentralen Kirchenleitung.

Jahrtausendealte Strukturen böten dafür hervorragende Voraussetzungen: Die Dözesen könnten viel mehr selbst entscheiden, was jetzt in der römischen Zentrale entschieden wird. Es könnte sehr sinnvoll sein, zwischen Vatikan und Diözese die in der frühen Kirche übliche „Zwischendecke" der Patriarchate einzuziehen. Die fünf alten Patriarchate, die im ersten Jahrtausend eine wichtige Rolle in der Kirche spielten (Rom, Konstantinopel, Alexandria, Antiochia und Jerusalem) könnten ergänzt werden – etwa durch mindestens je ein neues Patriarchat für bisher unberücksichtigte Erdteile.

Dies brachte im Januar 1999 wieder einmal der Schweizer Missionswissenschaftler P. Walbert Bühlmann ins Gespräch: „Dann könnte Lateinamerika selbst entscheiden, wie es mit der Theologie der Befreiung umgehen möchte, Afrika mit der Inkulturation, Asien mit dem Dialog mit anderen Religionen, Europa und Nordamerika mit der Säkularisierung ..." Und Bühlmann erinnerte daran, dass Univ.-Prof. Joseph Ratzinger schon 1969 einen ähnlichen Vorschlag in seinem Buch „Das neue Volk Gottes" gemacht und Rom gerügt habe, wenn es sich zum Maß aller Kirchen mache. Bei der jüngsten anglikanischen Lambeth-Konferenz plädierten auch namhafte Vertreter der Church of England dafür, deren Primas, den Erzbischof von Canterbury, zu einem „anglikanischen Patriarchen" zu machen. Die Idee greift um sich, weil sie vernünftig ist.

Die Bischofssynode für Asien, die im Frühjahr 1998 in Rom stattfand (obwohl prominente Bischöfe einen asiatischen Tagungsort vorgeschlagen hatten), machte den Ruf nach Lockerung der römischen Zügel ganz besonders deutlich. Immer wieder protestierten Bischöfe dagegen, dass in den von der Kurie redigierten Endtexten ihre Wortmeldungen kaum oder gar nicht berücksichtigt waren. Jeder Diskussionsbeitrag, der den römischen Zentralismus attackierte, konnte auf starken Beifall zählen. Bei einem Mittagessen mit dem Papst fragte ein philippinischer Bischof: „Sehen Sie einen Unterschied zwischen der asiatischen und der amerikanischen Bischofssynode?" Johannes Paul II. verneinte: „Beide haben ja auch denselben Generalsekretär." Darauf nicht mundfaul der Philippino: „Denselben Generalsekretär, dieselbe Methode, denselben Papst." Beim selben Papst wird es bleiben. Sekretär und Methode werden wechseln. Das ist keine Forderung, sondern eine Prognose. Auch konservative Bischöfe werden dieses Verlangen an den nächsten Papst stellen und es wird ihm gar nichts übrig bleiben als es (vielleicht schrittweise) zu erfüllen.

Der Innsbrucker Diözesanbischof Alois Kothgasser hat zum Abschluss einer Tagung über kirchliche und freikirchliche Strukturen in Innsbruck 1998 (dokumentiert im KAÖ-Buch „Kirche zwischen Anspruch und Praxis") die richtigen Schlussfolgerungen gezogen: „Wir brauchen in der Kirche eine größere Regionalisierung und gerade auch in der Frage des Amtes eine größere Differenzierung. Es kann wohl nicht sein, dass im asiatischen Bereich, wo eine ganz andere Kultur herrscht, genau dasselbe Modell gelebt wird wie hier im Abendland; Ähnliches gilt für Afrika [...] Diese Differenzierung gilt auch für die Bischofsernennungen."

Die Liste ist ergänzungsfähig! Ob ein ausgeschiedener Priester im Kirchenschoß zurückerwartet werden kann oder möglichst rasch den Segen der Kirche für eine Ehe erhalten sollte, kann sein Bischof sicher besser beurteilen als der ferne Papst. Gleiches gilt für die Verwendung laisierter Priester wenigstens in Funktionen, die Laien zugänglich sind – auch eine Salzburger Forderung. Das Frauendiakonat oder die Weihe von in Familie, Beruf und Kirche bewährten verheirateten Männern („viri probati“) zu Priestern könnte in einzelnen Regionen der Kirche ausprobiert werden, bevor eine Neuerung der ganzen Kirche verordnet wird und dann vielleicht schief geht. Gegen diese beiden Amtsformen sind in jüngster Zeit da und dort wieder Bedenken aufgetaucht. Begrenzte Experimente scheinen in vielen Bereichen sinnvoll. Es wird immer problematischer, solche Fragen einen einzigen Mann in Rom und dann für die ganze Welt gleich entscheiden zu lassen. Dezentralisierung wäre der Weg, mehr Beweglichkeit und Wirklichkeitsnähe der Kirche das erwartete Ergebnis.

In vielen international vernetzten Gruppen wird über die heutigen Strukturen der Kirche schon weit hinausgedacht. So hat die Jahreskonferenz des Europäischen Netzwerks „Kirche im Aufbruch“ im Januar 1999 in Liechtenstein den aus den USA kommenden Entwurf einer „Verfassung für die katholische Kirche“ verabschiedet, der auf allen Ebenen aus Amtsträgern und Laien zusammengesetzte Räte vorsieht, die die Geschäfte führen und die Amtsträger wählen (ja, auch die „ganz oben“ …). Das sind Zukunftsträume, von denen niemand sagen kann, was davon einmal Wirklichkeit werden wird. Aber die Amtsträger könnten eines Tages unsanft aufgerüttelt werden, wenn sie für solche Überlegungen heutiger Minderheitsgruppen nichts als ein verächtliches Lächeln aufbringen.

Jene, die eine Dezentralisierung kirchlicher Entscheidungsbefugnisse im Sinne von Subsidiarität anstreben, denken meist nicht nur an organisatorische Arbeitsteilung. Erzbischof John P. Quinn etwa ist dafür, dass der Papst vor der Verkündigung wichtiger Lehrentscheidungen mit anderen Bischöfen in der Welt (es könnten Patriarchen sein) Rücksprache hält. Schon Johannes Paul II. hat ja 1995 in seinem Rundschreiben „Ut unum sint" zu einem „brüderlichen, geduldigen Dialog" über die Ausübung des römischen Primats eingeladen. In fetter Titelschrift konnte man am 8. November 1998 lesen: „Ratzinger: Veränderte Formen des Papstamtes sind möglich." Ort der Veröffentlichung: die St. Pöltner Kirchenzeitung „Kirche bunt". In dem Bericht wird der Präfekt der Glaubenskongregation mit der Auffassung zitiert, „auch bisher noch nie ausgeübte Formen des Primats" seien möglich. Man sieht: Vieles ist in Fluss und wird stark in Bewegung kommen, wenn ein künftiger Papst (es muss nicht zwangsläufig schon der nächste sein) ein Signal in diese Richtung aussendet.

Wenn ein künftiger Papst die Autorität des Lehramtes wirklich stärken möchte, dann wird er das Ziel nicht durch mehr Reglementierung, sondern nur durch mehr Respekt vor dem Gewissen der Gläubigen erreichen. Ein Papst, der nicht jede zweite Woche neue Verhaltensinstruktionen für jedermann und jederfrau herausgibt, sondern sich auf weltweit abgesprochene Grundsätze konzentriert, würde mit umso größerer Autorität sprechen und auch mit vermehrter Chance, gehört und befolgt zu werden. Eine solche Art der Verkündigung von Glaubens- und Sittenlehren käme auch dem von anderen christlichen Kirchen ernsthaft bedachten Ziel, für die ganze Christenheit einen Sprecher zu haben, einen gewaltigen Schritt näher.

Die Entscheidung im Einzelnen, wie in einer konkreten Situation sittlich zu handeln ist, hätten dann jeder Christ und jede Christin selbst zu treffen (wie es praktisch ja ohnehin längst geschieht): nach bestem Wissen und gebildetem Gewissen, alle besonderen Lebens- und Zeitumstände einbeziehend. Das und nichts sonst ist eines mündigen Menschen würdig. Dann würde sich der lähmende und beschämende Streit um Verhütungsmittel und Kommunionzulassung von den Kodex-Paragraphen in jenes „Heiligtum im Menschen" verlagern, „wo dieser allein ist mit Gott, dessen Stimme in diesem seinem Innersten zu hören ist" (Gaudium et Spes, 16), wie das Zweite Vatikanische Konzil das Gewissen definiert hat.

Diesem Gewissen hat die Kirche wirklich von Anbeginn größtes Gewicht beigemessen. „Wer gegen das Gewissen handelt, sündigt", verkündete schon Thomas von Aquin. Mehr noch: „Es ist besser, exkommuniziert zu sein, als das Gewissen zu verletzen", schrieb er im Kommentar zum 4. Buch über Peter Lombard. Im 19. Jahrhundert nannte der große Theologe John Henry Newman das Gewissen ein „Echo der Stimme Gottes, zurückgeworfen von unserer Natur". Das Vatikan-Konzil hat zwar Gewissensfreiheit proklamiert, aber das Lehramt in Rom hat in den letzten Jahren immer wieder versucht, das Gewissen zu einem bloßen Echo seiner selbst, also des Lehramtes, zu degradieren. In der Enzyklika „Fides et Ratio" versucht Johannes Paul II. eine Erklärung: Das Gewissen werde heute nicht mehr als Einsicht in Gut und Böse verstanden, sondern als Quelle, „die Kriterien für Gut und Böse autonom festzulegen und dementsprechend zu handeln. Diese Sicht ist nichts anderes als eine individualistische Ethik" (98). Da ist wieder der alte Ton: Ihr seid nicht fähig, richtige Entscheidungen zu treffen, ihr wollt selbst bestimmen, was wahr und gut ist, und deshalb muss ich euch sagen, was ihr zu tun habt …

Das wird sicher nicht für alle Zukunft der Stil geistlicher

Führung durch einen Papst sein. Moralisches Handeln wird aber sicher auch nicht eines der Beliebigkeit sein können, sondern Ausfluss einer Tugendhaltung, die sich an objektiven Kriterien (offizielle kirchliche Lehre, andere einleuchtende Positionen der Theologie, Auswirkungen auf andere) orientiert und nach sorgfältigem Abwägen im Gewissen entschieden wird. Das ist auch das Vermächtnis, das uns der große katholische Ethiker Bernhard Häring in seiner „Moraltheologie für das 3. Jahrtausend“ (1999) hinterlassen hat, wo er für eine „moralische Erziehung zur Fähigkeit der autonomen Entscheidung“ von Gut und Böse eintritt (S. 175). „Der Papst besitzt in den Dingen, in denen das Gewissen die höchste Autorität ist, keine Unfehlbarkeit“, schrieb Newman – drei Jahre bevor er zum Kardinal ernannt wurde. Ob ein solcher theologischer Autor heute den roten Hut erhielte?

Dass ein Gewissen auch irren kann, ist unbestritten, und dass auch ein irrendes Gewissen seine Würde nicht verliert, hat das Konzil bestätigt. In Erinnerung zu rufen ist nur noch, was Franz Jägerstätter seinem Bischof in Linz sagte, der ihn mit diesem Argument von der beabsichtigten Wehrdienstverweigerung in der Hitler-Armee abhalten wollte: „Herr Bischof, nicht mein Gewissen ist irrig, sondern das Ihre.“ Auch ein Papst kann ein irrendes Gewissen haben.

Die Autorität der Kirche wird wieder zunehmen, wenn sich einige Fixpunkte der katholischen Lehre, die es längst gibt, bei allen endlich durchsetzen: Lehramt ist nicht nur der Papst, sondern der ganze Episkopat der Welt zusammen mit ihm. (Daran hat auch Bischof Weber seine österreichischen Amtskollegen immer wieder erinnert, wenn Entscheidungen mit Hinweis auf „das Lehramt“ blockiert wurden.) Und als endgültige Entscheidung kann der Papst nur vorlegen, was „sensus fidelium“, Glaubenssinn des gesamten Kirchenvolkes, ist.

Es ist schwer genug zu definieren, wie dieser Glaubenssinn

am besten ermittelt werden kann, und vermutlich wird sich ein künftiges Konzil einmal mit dieser Thematik befassen, nachdem Vaticanum I die Befugnisse des Papstes und Vaticanum II die Einbindung der Bischöfe (beides ergänzungsbedürftig) geregelt haben. Was es wirklich bedeutet, wenn in der Bibel alle Getauften ein „auserwähltes Geschlecht, eine königliche Priesterschaft, ein heiliges Volk" (1 Petr 2,9) genannt werden, haben wir noch alle nicht voll erfasst. Aber dass „die Gemeinschaft der Gläubigen [...] die Stimme der unfehlbaren Kirche ist", hat John Henry Newman schon vor hundert Jahren geschrieben. Viele denken heute darüber nach.

Einer von ihnen ist der einstige Wiener Pfarrseelsorger (Basisgemeinde Machstraße) und heutige theologische Autor Paul Weß, der in seinem Buch „Einmütig" (1998) eine Rückkehr zur biblischen Entscheidungsfindung empfiehlt: „Der Heilige Geist und wir haben beschlossen", wie wir vom Jerusalemer Apostelkonzil lesen (Apg 15,28). Die ausführliche Argumentation in diesem dicken Buch läuft darauf hinaus, dass Demokratie im Sinn von Mehrheitsentscheidungen für die Kirche zu wenig ist. Die Verantwortlichen müssten so lange miteinander reden und ringen, bis eine einmütige, von fast allen mitgetragene Entscheidung zustande kommt. Am besten erreiche man dieses Ziel, indem Kirche wieder zur Gemeinschaft vieler kleiner, überschaubarer Gemeinden wird. An einem solchen Modell könne man viel bezweifeln, sagte Bischof Helmut Krätzl bei der Vorstellung des Werkes. Dennoch habe das Buch geschrieben werden müssen, „um ein Nachdenken über Lehramt, Unfehlbarkeit, gemeinsames Glaubensgut und Grade der Glaubensverpflichtung zu provozieren".

In der Bibelwissenschaft sind Provokationen dieser Art längst als Methode der Wahrheitsfindung anerkannt. 1993 hat die Päpstliche Bibelkommission sich ausdrücklich zur historisch-kritischen Methode der Bibelauslegung bekannt, „die in ihren Anfängen bewusst vom Glauben absah und ihm manchmal sogar widersprach". Das Ergebnis ist heute eine zeitgemäße, der Wahrheit näher als alles Ideologisieren kommende Schriftdeutung nach wissenschaftlichen Grundsätzen. Immer mehr setzt sich die Erkenntnis durch, dass auch die Dogmen der Kirche in jeder Generation nach solchen Grundsätzen neu betrachtet und gedeutet werden müssen. Auch sie sind in der Sprache ihrer jeweiligen Entstehungszeit formuliert. Meist handelte es sich um die Entscheidung von Streitigkeiten über Recht- und Irrgläubigkeit jener Epoche. Dogmen sind wichtige Wegweiser, die gültige Wahrheiten aussprechen, es aber in zeitgebundener Sprache tun. Wichtig ist die Erinnerung: „Das Lehramt steht nicht über dem Wort Gottes, sondern dient ihm" (Konzilskonstitution Dei Verbum, 10). Und das Wort Gottes erschließt sich nicht im vollen Umfang zu einem bestimmten Zeitpunkt, sondern ist „eingebettet in Zeit und Geschichte", wir sind auf der ständigen „Suche" nach ihm und doch bleibt es uns geheimnisvoll und bruchstückhaft: Nichts erregt die sich rechtgläubig wähnenden „Besitzer" von Wahrheit dermaßen wie solche Formulierungen, aber glücklicherweise stammen die hier zitierten von Johannes Paul (Fides et Ratio, 2, 11, 13, 51, 106).

Beim Kongress der Katholischen Weltunion der Presse (UCIP) in Paris im September 1998 rief P. Gabriel Nissim die katholischen Journalist/inn/en dazu auf, die in der Kirche gut verankerte Tradition des synodalen Diskurses nicht zu vergessen. Der „heilsame Zweifel" der Wissenschaftler und Richter müsse auch der ihre sein – freilich auch gegenüber eigenen Positionen. „Es gibt sicher nur eine Wahrheit, aber das bedeutet dann eben, dass meine (kleine) Wahrheit nicht die unumstößliche ist: Ich brauche für die ganze Wahrheit auch die Wahrheit des anderen." Ein kirchliches Lehramt, das seine Aufgaben in einem solchen Rahmengefüge sieht, wird demütiger und bescheidener als das heute in Rom praktizierte sein, aber mit mehr Gewicht und Autorität auftreten können.

Bischofsbestellung ohne Geheimdiplomatie

Bei der Bestellung eines Nachfolgers für den großen kleinen Bischof von Innsbruck Reinhold Stecher hat sich der Vatikan 1997 etwas Besonderes einfallen lassen: Man suchte und fand in Alois Kothgasser einen unangreifbaren, untadeligen Kandidaten, an dem niemand etwas auszusetzen hatte – aber es war halt doch nicht einer von denen, die in einer umfangreichen Sondierungsaktion in der eigenen Diözese als Spitzenkandidaten ermittelt worden waren. Sollte wieder einmal gezeigt werden, wer alleiniger Herr der Ernennungen ist? Sicherlich. Aber viele meinen: Es war trotzdem ein indirektes Eingeständnis, dass man anderswo daneben gehaut, diesmal aber sehr gewissenhaft entschieden hatte, und insofern auch so etwas wie ein Rückzugsgefecht.

Wie ein idealer Bischof sein sollte, steht im ersten Brief des Apostels Paulus an Timotheus (1 Tim 3,2–4): untadelig, nur eines Weibes Mann, nüchtern, besonnen, würdevoll, gastfreundlich, gelehrt, kein Trunkenbold, kein Draufgänger, mild, kein Streithansl, ohne Geldgier, ein guter Haus- und Familienvater. Genau so. Kein Wunder, dass diese Stelle nie in einer Sonntagslesung auf dem Programm steht: Weib und Kind hat ihm die nachbiblische Kirche geraubt, dafür aber im Bischofsdekret des Zweiten Vatikanischen Konzils zusätzliche Wundermann-Eigenschaften verliehen: Demut, Sanftmut, Klugheit, Vertrauenswürdigkeit, „Beispiel der Heiligkeit in Liebe“.

Was auch nie im Diözesan- oder Pfarrschaukasten plakatiert wird: Wenn ein Bischof aus Altersgründen „oder aus einem anderen schwerwiegenden Grund" sein Amt nicht mehr ordentlich ausüben kann, wird er „inständig gebeten, von sich aus freiwillig oder auf Einladung der zuständigen Obrigkeit den Amtsverzicht anzubieten" (Bischofsdekret 21). Das entspricht guter alter Kirchensitte: Cyprian von Karthago († 258), Hippolyt († 235), die Konzilien von Ankyra 314, Orléans 549 und Paris 557 sowie die Päpste Julius I., Zölestin I., Leo I. und Hadrian I. bestätigten das Recht des Kirchenvolkes, „würdige Bischöfe zu wählen und unwürdige abzusetzen." Der Grundsatz „Wahl durch den Klerus, Bestätigung durch das Volk" war jahrhundertelang der Bestellungsvorgang, bis gegen Ende des zwölften Jahrhunderts die Vertreter der Domkirchengeistlichkeit (Domkapitel) die Bischofswahl übertragen bekamen. In Österreich gab es neben dem Domkapitelwahlrecht (für Salzburg und dessen „Eigendiözesen" Klagenfurt und Graz) auch noch das landesfürstliche Nominationsrecht: Für Wien, Prag, Linz, St. Pölten hatte der Kaiser Vorschlagsbefugnis.

Mit einem Wort: Bis zum Ende des Ersten Weltkriegs hing, wer Bischof in Österreich werden sollte, nur sehr entfernt vom Papst ab. Kaum hundert (und nicht die von vielen vermuteten 2000) Jahre setzt der Papst bei uns Bischöfe ein. Den zu bitten, er möge das Diözesanvolk anhören, wen es als Bischof haben möchte, ist also keine Zumutung. Ortskirchen in anderen Ländern haben gleichfalls diesen Wunsch. Um ihn zu erfüllen, brauchte nicht einmal das Kirchenrecht geändert zu werden. Dort heißt es im Canon 377: „Der Papst ernennt die Bischöfe frei oder bestätigt die rechtmäßig Gewählten." Rechtmäßig gewählt wird heute noch durch das Domkapitel in Salzburg (aus einem Dreiervorschlag des Vatikans) sowie in einigen Diözesen der Schweiz. Mit einem Federstrich könnte jeder Papst diese Liste erweitern, ohne den Kodex ändern zu müssen. In Bayern dürfen die Bischöfe und Domkapitel einen Dreiervorschlag nach Rom senden, aus dem der Papst einen

Bischof bestellen muss. In den meisten deutschen Bistümern ist es wie in Salzburg: Die Domkapitel wählen aus einem Dreiervorschlag aus Rom. (Vom einstigen Kölner Erzbischof Joseph Frings ist der Ausspruch überliefert: „Auf der Dreierliste stehen ein Neger, ein Chinese und der, der es werden soll." Die Institutionalisierung eines seriösen Verfahrens ist also durchaus wünschenswert).

In Deutschland, Österreich und der Schweiz werden die Bischofbestellungen immer noch durch Konkordate geregelt. Solange man Grund zur Annahme hat, dass der Vatikan am liebsten alle Entscheidungen an sich zöge, statt Kompetenzen abzugeben, ist es vielleicht doch nicht klug, ein Mitspracherecht der Regierungen abzuschaffen, wie es prinzipiell zu Recht schon oft vorgeschlagen worden ist. („Die Bischofbestellung hat Konkordatsmaterie zu bleiben", empfiehlt daher auch der Sachkenner Gerhard Hartmann in seinem Beitrag zum Sammelband „Demokratie und Kirche", 1998.)

Aber es gibt natürlich auch andere Möglichkeiten, der Ortskirche mehr Mitsprache zuzuerkennen. Österreichische Kirchenrechtler haben solche Modelle erarbeitet, von denen eines auch die Wahl des Bischofs durch ein zur Hälfte mit Diözesanklerikern und zur anderen Hälfte mit Laien besetztes Gremium vorsieht; den gewählten Bischof müsste der Papst dann bestätigen oder begründet ablehnen.

Auch der Kodex der orientalischen Kirchen könnte als Modell für Änderungen des Kodex der Westkirche herangezogen werden. Er sieht das Bischofswahlrecht der Patriarchalkirchen und der großen erzbischöflichen Kirchen vor, die Listen mit (oft sehr vielen) Kandidaten nach Rom schicken, wo der eine oder der andere herausgestrichen werden; jeder der verbleibenden Kandidaten kann sodann zum Bischof gewählt werden und bedarf keiner Bestätigung durch den Papst mehr.

Als vorsichtige Praktiker erwiesen sich in diesem Bereich

auch die meisten Bischöfe Österreichs. Sie arbeiteten für ihre Diözesen Befragungsmodelle aus, die ein einigermaßen repräsentatives Meinungsbild maßgeblicher Kleriker und Laien ermöglichen. Das geltende Kirchenrecht sieht nur vor, dass der Nuntius Vertreter aus dem Welt- und Ordensklerus und, „wenn er es für angebracht hält", Laien, „die sich durch Lebensweisheit auszeichnen", einzeln und geheim befragt. Wird man neue Modelle mit Objektivierungskriterien, von regierenden Bischöfen erarbeitet, in Rom auf Dauer ignorieren können?

Auf jeden Fall ist zu hoffen, dass diese Versuche fortgesetzt werden und wenigstens einige Bischöfe, denen nicht schon das Wort Rom den Angstschweiß auf die Stirn treibt, vom Vatikan zum rechten Zeitpunkt auch ausdrücklich eine verbindliche Verankerung solcher Mitbestimmungsformen im Kirchenrecht verlangen. Einmal wird ein Papst die normative Kraft des Faktischen bestätigen – wie oft in der Vergangenheit. Für Bischöfe ist die Zeit nicht abgelaufen, für Geheimdiplomatie schon. Am Letztentscheidungsrecht des Papstes über neue Bischöfe will niemand ernsthaft rütteln, am überhaupt nicht begründungspflichtigen Alleinernennungsrecht sehr wohl.

Weiterentwicklung von Amt und Dienst

„Das Strukturganze [...] bricht immer mehr, und zwar unumkehrbar, auseinander." Dies schrieb der Bischof von Basel, Kurt Koch, gegen Ende des Jahres 1998 in einem Brief an seine Priester und Laienmitarbeiter. Er meinte damit die Strukturen der „Volkskirche" mit allen Formen ihrer Sozialkontrolle: Die Kirche sorgt für gehorsame Untertanen und der Staat revanchiert sich mit Subventionen und Privilegien. Dieses System ist sicher im Auseinanderbrechen und die Konsequenz hat Bischof Koch klar beim Namen genannt: „Christ-Werden und Kirche-Sein müssen neu gelernt werden." Die Kindestaufe führt nicht mehr automatisch zu einem lebenslangen Christ-Sein. Der Staat sichert nicht mehr automatisch das So-Sein der Kirche. Immer häufiger kommt es auf die persönliche Entscheidung an. Und die wird in einer religiösen Wettbewerbssituation getroffen: Kirchen, Sekten, neue Religionsgemeinschaften, Meditations- und Selbsterfahrungsgruppen, Gurus und Esoterikgemeinden bieten Altes und Neues, Vertrautes und Geheimnisvolles, Europäisches, Orientalisches, Afrikanisches und Indianisches an, Körndlfutter für Leib und Seele.

Wir haben viel Auswahl, die Kirche hat viel Konkurrenz. Wer sich in einer solchen Situation auf Festungs- und Schutzmauermentalität zurückzieht, verliert. Die Methode der Traditionalisten, alles Bestehende krampfhaft zu verteidigen, sich gegen alle Weiterentwicklung ängstlich zu verschließen, wird scheitern. Natürlich könnte die Kirche auch als „kleine Herde" in Winkeln und Nischen der Gesellschaft überleben. Aber „Salz der Erde" und „Licht der Welt" (Mt 5,13,14) kann sie dann nicht mehr sein. Der Evangelisierungsauftrag wird verraten, wenn man aus der Not eine Tugend und aus dem Jesus-Gebot „Lehrt alle Völker!" ein Überlebensrezept für den Untergrund macht.

Das wird die katholische Kirche auch in der Frage ihres Amtsverständnisses bedenken müssen. „Der Vatikan weiß schon, dass wir nicht noch 50 Jahre so weitermachen können, wenn die Entwicklung bei den Priestern anhält wie bisher", sagte ein österreichischer Bischof. Aber ein bisschen will man schon noch zusehen, weil man bereits Anzeichen einer Wende zu entdecken glaubt. „Die Priesterseminare beginnen sich wieder zu füllen, und unter den Kandidaten werden Sie keine Anhänger des Kirchenvolks-Begehrens finden ..." Ob das Fortschritt oder fromme Selbsttäuschung ist, werden wir noch sehen. Aber sicher ist: Nicht die Zahl der Priesteramtskandidaten ist entscheidend, sondern ihre Qualität.

Sind die Priester von morgen lebenstüchtig, welterfahren und genügend motiviert, unter schwierigsten Bedingungen durchzuhalten – oder laufen sie, wie viele junge Eheleute, beim Auftauchen geringster Probleme ihrer Berufung davon? Welche Pädagogik wird sie dazu befähigen, in einer mit allgegenwärtiger Sexualität erfüllten Atmosphäre innerlich ruhig und gelassen ihren Dienst an den Mitmenschen zu versehen? Glaubt man wirklich, dass die katholischen Frauen von morgen wieder sagen werden: Zu dumm, was uns da gestern mit Gleichwertung und Gleichberechtigung eingefallen ist – wir sind wieder mit Kirchenschmücken und Kommunionausteilen zufrieden …? Wer meint heute allen Ernstes, eine solche Illusion könnte je noch einmal Wirklickeit werden?

Traditionalisten glauben auch, sie müssten durch die Abwehr der Laien die Identität des Priesteramtes schützen. Eine verstehbare Absicht, aber ein fundamentaler Irrtum: Das Gegenteil ist der Fall! Je weniger Priester wir haben, umso mehr müssen Nichtgeweihte kirchliche Funktionen übernehmen: im Religionsunterricht, in der laufenden Pfarrseelsorge, in der Sakramentenvorbereitung, in der Familienberatung. Der Pastoraltheologe Wilhelm Zauner vertritt seit längerem die Auffassung, dass Religionslehrer und Pastoralassistent/inn/en bereits seit einiger Zeit, wenn auch stillschweigend, Ämterfunktion in der Kirche angenommen haben.

Aus diesen Kreisen ertönt, vor allem in den USA, immer lauter der Ruf nach einer sichtbaren „Sendung" durch den Bischof. Die Situation wird von den Bischöfen der USA jetzt studiert; für Herbst 1999 ist ein Bericht angekündigt. Eines Tages werden nicht geweihte, aber mit Bischofsritual „beauftragte" Träger neuer Ämter in bestimmten Bereichen mehr zu reden haben als Priester: Ob das die Identität der Priester nicht mehr gefährdet, als eine Lockerung der Zugangsbedingungen zum Priestertum es täte?

Andererseits ist die bewusste Trennung von Amt und Leitungsfunktion gleichfalls eine Möglichkeit, die Entwicklung voranzutreiben. Die angestrebte Frauenpriesterweihe hängt eng auch mit der Verbindung von Weihe und Entscheidungskompetenz zusammen. Die einen wollen Frauen vor allem als Vorsteherinnen der Eucharistiefeier sehen, andere halten es für dringender, dass wichtige Entscheidungen in der Kirche nicht nur von zölibatären Männern getroffen und Bischofsworte oder Enzykliken auch von Frauen mitgeschrieben würden. Wieder andere streben beides an und nur beides entspräche wohl in letzter Konsequenz dem Christus-Wort, dass es in Christus „nicht Juden und Griechen, nicht Sklaven und Freie, nicht Mann und Frau" mehr gibt (Gal 3,28). Die Diskussion darüber, die in weiten Teilen der Weltkirche teils offen und heftig, teils zurückgedämmt und dafür noch heftiger geführt wird, kann nicht mehr unterdrückt werden.

Der Vatikan, hört man, sei beeindruckt, wie nachdrücklich ausgerechnet Bischöfe aus Afrika und Lateinamerika heute den Zölibat verteidigten, obwohl es gerade in Lateinamerika verheiratete Priester nachweislich längst in größerer Zahl gibt. Dazu hört man freilich auch erschreckende Geschichten wie die eines Missionars, der von seinem Bischof aus Schwarzafrika zu berichten weiß, dieser könne in Rom gar nicht laut (und karrierebewusst) genug den Zölibat verteidigen, während er zu Hause seinen Priestern empfehle, wenn sie mit dem Zölibat nicht fertig würden, Beziehungen am besten zu Klosterschwestern aufzunehmen, denn „von denen kriegt ihr kein Aids". Fromme Selbsttäuschung und Fassadenmoral erlauben manch halsbrecherische Akrobatik im Kirchenalltag aller Kontinente, aber Glaubwürdigkeit wird damit nicht aufgebaut.

Das eben erwähnte Beispiel für Mangel an Glaubwürdigkeit lässt sich natürlich auch auf europäische Verhältnisse übertragen. Auch hier kämpft die Kirche mit dem Problem, dass die eifrigsten Zölibatsverteidiger manchmal auch die häufigsten Zölibatsverletzer sind. Und das Predigen von Höllenstrafen für Homosexuelle hält so manchen Prediger nicht davon ab, selbst das ewige Feuer der Verdammnis zu riskieren. Ehrlichkeit gebietet es freilich, auch vom Gegenteil zu reden: nämlich davon, dass dic seelsorgliche Praxis oft eine viel großzügigere ist, als sie Lehre und Gesetz derzeit zuließen.

Tatsache ist, dass in manchen Pfarren Österreichs heute Folgendes schon möglich ist: Kommunionspendung an Geschiedene, die standesamtlich wieder geheiratet haben; Kommunionspendung an Personen, die ohne kirchliche Trauung zusammenleben; Predigen männlicher wie weiblicher Laien auch während der Messe (erlaubt ist Laienpredigt nur in nicht eucharistischen Gottesdiensten); Messfeier durch laisierte Priester, die mit Frauen zusammenleben oder verheiratet sind; Leitung von Pfarrgemeinden durch Laien. Manche dieser Praktiken sind extrem selten, andere – wie die Sakramentenspendung an wieder verheiratete Geschiedene – häufig anzutreffen.

In Österreichs Medien wurde aus gegebenem Anlass die Frage aufgeworfen, ob es für „Promis" in dieser Kategorie, etwa einen Bundespräsidenten, einen Minister oder einen Landeshauptmann, nicht doch eine Ausnahme gebe und sie die Kommunion empfangen dürften. Die Frage war falsch gestellt. In Wahrheit dürfte es kaum standesamtlich wieder verheiratete Geschiedene geben, die nicht einen Seelsorger finden, der ihnen, wenn sie eine aufrichtige Kirchenverbundenheit glaubhaft machen, die Sakramente spendet. Aber die konkrete Praxis ist halt sehr unterschiedlich und daher letztlich auch nicht befriedigend.

Die Barmherzigkeit der Seelsorge ist oft begründet: Kein Pfarrer bringt es übers Herz, einen Familienvater mit kleinen Kindern, dem die Frau mit einem Papagallo davongelaufen ist und der das Glück hatte, für seinen Nachwuchs wieder eine treu sorgende Mutter zu finden, vom Tisch des Herrn zu weisen. Aber auch eine Frau in besten Jahren, die von ihrem Mann wegen einer jungen Frau in noch besseren Jahren verlassen worden ist, will ein Pfarrer nicht für den Rest ihres Lebens zu enthaltsamer Witwenschaft verurteilt sehen. Warum steht das Gesetz menschlichen Lösungen auch in solchen Fällen entgegen?

Das wollen immer mehr Menschen wissen und erhalten von einem Lehramt, welches das Gesetz oft höher als einen lebenden Menschen wertet, unbefriedigende Antworten. In diese Kategorie gehört auch die seelsorgliche „Arbeitshilfe", die Kardinal Ratzinger namens der Glaubenskongregation im Februar 1999 angeboten hat: „Alles wie bisher" (also keine Sakramente, keine Taufpaten-, Kommunionspender-, Lektoren- oder Religionslehrerfunktionen), aber alles das in einem goldenen Rahmen („mütterliche Nähe der Kirche …").

Die Salzburger Delegiertenversammlung hat hinsichtlich der wieder verheirateten Geschiedenen eine Weiterentwicklung in Richtung „noch umfassenderer Barmherzigkeit" empfohlen, und zwar „unter Berücksichtigung der Praxis der Ostkirchen". Das ist wohl begründet, denn schon beim Konzil von Florenz 1439 war das Thema von den Unierten aufgeworfen worden, die sich eben mit Rom versöhnt hatten, aber die alte Ostkirchenpraxis mit der Möglichkeit von Scheidung und Wiederverheiratung nicht verlieren wollten. Tatsächlich akzeptierte das Konzil stillschweigend den Fortbestand dieses Rechtes, das erst Pius IX. im 19. Jahrhundert aufhob. Bei orthodoxen

Christ/inn/en, für die dieses Recht noch heute besteht, gilt eine zweite Ehe dann nicht mehr als Sakrament, sondern wird nur mit einem Segen bedacht – was de facto auch in der katholischen Kirche schon heute manchmal praktiziert wird.

Die Überlegung, die auch namhafte katholische Theologen ernsthaft diskutieren, ist: Brautleute geloben einander Treue, bis der Tod sie scheidet – aber kann nicht auch eine Ehe „sterben" und das Sakrament mit ihr erlöschen? Andere wieder meinen, die der Kirche erteilte Vollmacht, auf Erden zu binden und zu lösen, was dann auch im Himmel gebunden und gelöst sein soll (Mt 16,19, Joh 20,23), schließe auch die Befugnis der Kirche ein, Ehen für erloschen zu klären. Tatsache ist, dass die Behauptung, seit Jesu Zeiten habe es niemals eine legale Wiederverheiratung Geschiedener gegeben, mit Sicherheit nicht stimmt. Selbst Jesus lehrte immer nur, dass ein Mann seine Frau nicht entlassen dürfe, sofern „kein Fall von Unzucht vorliegt" (Mt 5,32).

Paulinisches und petrinisches Privilegium (Ehen zwischen Gläubigen und Ungläubigen) bezeugen seit Anbeginn das Vorhandensein von Ausnahmen neben der Regel. Auch Übersetzungsprobleme, wie sie Univ.-Prof. Albert van Gansewinkel in seinem Buch „Was Jesus nicht wollte" (1997) ausführt, legen eine noch eingehendere Befassung mit dem Thema Ehe, Scheidung, Wiederverheiratung nahe.

Die seelsorglich gut gemeinte Empfehlung, mehr als bisher die Möglichkeit einer Ungültigerklärung („Annullierung") einer Ehe zu nutzen, ist dagegen kein geeignetes Problemlösungsmittel. Nach Jahrzehnten einer Beziehung, die beide Partner unzweifelhaft für eine Ehe hielten, das Gewissen zu erforschen, ob es bei der Eheschließung nicht vielleicht doch am Ehe- oder Kinderwillen oder an der nötigen Reife gemangelt habe, ist in den meisten Fällen würdelos und das typische Rezept von Moralisten, denen die äußere Fassade mehr als innere

Aufrichtigkeit bedeutet. So gewinnt die Kirche kein Ansehen zurück.

Andererseits würde sie auch ein populistischer Kuschelkurs („Alles vergeben, alles vergessen") nicht glaubwürdig machen. Geschieden und wieder verheiratet zu sein ist ein objektiver Tatbestand, der subjektiv sehr unterschiedlich zu beurteilen ist. Das aber wieder finden viele Betroffene unter Berufung auf Gleichbehandlung ungerecht. Kein Wunder, dass sich an diesem Problem schon viele die Kirchenzähne ausgebissen haben.

Von Weihbischof Krätzl heißt es, sein viele Jahre alter schmaler Band mit sehr logischen Analysen und Therapievorschlägen zu diesem Thema, die heute noch Beachtung verdienen, habe ihn um die Nachfolge Kardinal Königs auf dem Erzbischofstuhl in Wien gebracht. Den Vorsitzenden der deutschen Bischofskonferenz, Karl Lehmann, mag ein ähnlicher Versuch, den er zusammen mit zwei Amtskollegen 1993 unternahm, bis heute den Kardinalshut gekostet haben. Aber schon 1980 hat eine Bischofssynode der Gesamtkirche ein „Weiterdenken" in dieser Frage angeregt. Irgendwann darf man vielleicht doch ein Ergebnis erwarten, das weiterführt, ohne die Kirche unglaubwürdig zu machen.

Glaubwürdigkeit setzt Wahrhaftigkeit voraus. Wahrhaftigkeit verlangt Ehrlichkeit mit sich selbst und anderen. Einmal wird die Kirche dem Sünder sagen müssen, dass er sündigt, und ein andermal, dass die Kirche geirrt hat und ein drittes Mal, dass die Wirklichkeit im konkreten Fall stärker sein kann als der Sünder und das Gesetz.

Volk Gottes auf Wanderschaft

Ja, die katholische Kirche befindet sich in einer Krise – in vielen Teilen der Erde, besonders in den Ländern der westlich geprägten Welt, wo das Ende staatlich verordneter Volksfrömmigkeit und der hohe Bildungsstand der Bevölkerung die Kirche in eine Autoritäts- und Glaubwürdigkeitskrise gestürzt haben. In Österreich haben zusätzliche Krisenauslöser (Bischofsernennungen, Personalkonflikte) die Spannung verstärkt und die Reaktionen verschärft. Aber die Krise ist überall da, und insofern Amtsträger der Kirche sie leugnen oder verniedlichen oder sie mit strengen Abwehrmaßnahmen einzudämmen versuchen, ist sie nicht zuletzt auch eine Amtskrise. Ob der Höhepunkt schon erreicht ist oder das Fieber noch weiter steigen wird, lässt sich nicht mit Sicherheit sagen. Mit Sicherheit voraussagen aber lässt sich, dass die Kirche die Krise bestehen wird, weil sie schon viel ärgere Prüfungen der Geschichte bestanden hat.

Der erste große Konflikt entstand um die Frage, ob Menschen, um Christen zu sein, zuerst durch Übernahme jüdischer Vorschriften sozusagen Juden werden müssten. Die Entscheidung noch zur Apostelzeit war ein klares Nein. Bald darauf galt es, mit der Enttäuschung fertig zu werden, dass die von allen für bald erwartete Wiederkunft des Herrn auf sich warten ließ: Die Umstellung von Weltflucht auf Weltgestaltung war eine harte Prüfung. Dann kam die Herausforderung der Gnosis: Glaubensgeheimnisse nur für Auserwählte? Wieder ein hartes Ringen, wieder eine klare Entscheidung: Christlicher Glaube ist keine Geheimwissenschaft! Aber darf sich Glaube überhaupt mit Wissenschaft einlassen? Aus dem unmissverständlichen Ja der Scholastik hätten sich großartige Konsequenzen ziehen lassen ... Der Umstieg auf Gewissensfreiheit war äußerst schmerzhaft – so wie die Erkenntnis schmerzhaft gewesen sein muss, dass nicht immer ein christlicher Feldherr (wie Konstantin 312 gegen Maxentius) im Zeichen des Kreuzes siegen würde. Schisma, Reformation, Kampf der Päpste gegen Kaiser, Könige und Konzil, Triumph und Ende des Kirchenstaats: Das waren größere Herausforderungen für die Kirche als Ärgernis gebende Hirten und aufbegehrende Frauen.

Unterschätzen aber sollte man die derzeitige Krise auch nicht. Heute erleben wir das Mündigwerden der getauften und gefirmten Christen in einer hierarchisch gegliederten, tatsächlich aber autoritär geführten Kirche, die im Lauf der Geschichte schon viele Kleider übergestreift hat und die heutigen sicher auch wieder wechseln wird. Die Kirche wird überleben – ihre heutige Gestalt nicht. Mit der Zeit zu gehen und mit der Zeit zu irren macht die Kirche menschlich. Beim Irren voranzugehen und bei der Irrtumskorrektur Schlusslicht zu sein: Das freilich kostet Glaubwürdigkeit.

Die eine, große, uns allen nicht erspart bleibende Lektion der Geschichte ist: Sei, Kirche, was du andere lehrst – demütig, bescheiden, anspruchslos, stark ohne Macht und Privilegien, überzeugend ohne Großinquisitor, Richtschwert oder Henker! Groß seien dein Glaube, deine Überzeugungskraft, dein Beispiel, deine Liebe, groß auch deine Kirchen und dein Festefeiern, klein aber dein Pomp, deine Eitelkeit und deine Rechthaberei!

Kirche von morgen, Kirchen von morgen: Das wird das wandernde Volk Gottes auf Erden sein, Pilger ohne feste Bleibe, Menschen mit Mut zum Aufbruch, Visionäre mit einem festen, klaren Ja zum Sinn von Schöpfung und Geschichte, weil sie über Berge und Meere hinaus den Regenbogen wahrnehmen, den der Herr dem Noach zum Zeichen gemacht hat für seinen Bund mit dem Volk Israel, und den offenen Himmel, den der Seher der Apokalypse über alle Zeiten und Geschlechter spannt als Zeichen der Hoffnung auf Heimat und Vollendung.

Die Kirche, unser aller Kirchen, also Kirche im weitesten Wortsinn ökumenischer Verbundenheit, wird aufbrechen aus dem „Haus voll Glorie", das da „schauet weit über alle Land'", und sich wandernd durch satte Täler und dürre Ebenen bewegen, freudig und traurig, leichtfüßig und mühsalbeladen, aber nie ohne Hoffnung. Wandern heißt In-Bewegung-Sein, heißt Vorankommen, aber auch Stolpern und Müdewerden, heißt auch: Das jeweilige Erscheinungsbild von Kirche ist vorläufig, nichts Endgültiges; ständig muss der Kompass neu überprüft, die Richtung im Bedarfsfall korrigiert werden.

Auch Wandern will gelernt sein: Wir brauchen Ausdauer, Geduld und Training. Wir brauchen Wanderführer – schriftliche und solche aus Fleisch und Blut. Auch der oberste Führer der Kirche muss mit uns Pilger werden, ein „wandernder Fels", wie dies Hans Pasch in einem Buchtitel so anschaulich ausgedrückt hat. Und auch die ehrwürdigen vatikanischen Paläste müssen auf Wanderschaft gehen. Erst die scheinbare Preisgabe von Sicherheit schafft Vertrauen. Der „Chef" wird für Grundsätze und oberste Richtlinien gebraucht. Sicherheit auf der täglichen Wegstrecke bieten die vertrauten Begleiter der Nähe.

Nicht alle wandern gleich schnell, gleich gut, gleich weit an einem Tag. Nicht wenige verirren sich, müssen gesucht und heimgeholt werden. Selbst ein Recht auf freiwilliges Zurückbleiben darf niemandem genommen werden. Auf einer langen Wanderung gibt es auch Streit. Das ist menschlich, und auch der Kirche ist nichts Menschliches fremd. Man stößt auf Weggabelungen: Gehen wir links weiter oder rechts? Darüber darf man verschiedener Meinung sein. Alle jedoch eint die Gewissheit: Wir streben einem gemeinsamen Ziel zu und werden an diesem Ziel erwartet!

Aber nicht nur die Kirche wandert auf den Berg Zion und die Stadt auf dem Berge zu – die ganze Menschheit ist unterwegs. Auf den Wegen und Straßen der Welt herrscht ein großes Gedränge. Widerlegen wir Christen den Vorwurf aus Lessings „Nathan“, dass es mehr unser Stolz ist, Christen statt Menschen zu sein? Schreiten wir flotter, sicherer, vor allem fröhlicher aus? Erkennt man uns an Ausdauer, Zuversicht, Gelassenheit – oder an Ängstlichkeit, Verschrecktheit und Mangel an Hoffnung?

Es stimmt schon: Das alles hat auf den ersten Anschein wenig mit Bischofswahl, Frauendiakonat und Zölibat zu tun. Aber es ist nicht nur unfair, sondern auch kurzsichtig, die viel beschworenen Existenzfragen der Menschheit gegen angeblich zweitrangige Strukturprobleme der Kirche auszuspielen. Gewiss haben viele junge Katholik/inn/en mit der Kirchenorganisation heute wenig am Hut. Aber sie suchen sich dann auch, wenn (und falls) sie heiraten, als Lesung Texte von Khalil Gibran und Saint-Exupéry aus, weil ihnen Paulus zu fad und das Hohelied unbekannt ist. (Die gewählten Texte sind trotzdem wunderschön.)

Wer Gott in Jesus Christus sucht und seine Pilgerfahrt durch Welt und Zeit in der katholischen Kirche absolvieren möchte, dem sind auch Strukturen nicht egal. Deshalb bleibt der Dialog über das inmitten zerbrechender Formen notwendige Neu-Erlernen von Christ-Werden und Kirche-Sein (Kurt Koch) unverzichtbar. Die Wegweisung dazu stammt aus der Enzyklika „Ecclesiam Suam“ von Paul VI.: „Die Arbeit beginnt heute und hört niemals auf.“

Verwendete Literatur

Codex Iuris Canonici, Lateinisch-deutsche Ausgabe, Kevelaer 1984

Die Bibel, Einheitsübersetzung, Stuttgart 1980

Dirnbeck/Gansewinkel: Was Jesus nicht wollte, Wien 1997

Feichtlbauer Hubert: Der Aufstand der Lämmer, Wien 1995

Fiedler Maureen/Rabben Linda (Hg.): Rome Has Spoken (A Guide to Forgotten Papal Statements, and How They Have Changed Throughout the Centuries), New York 1998

Häring Bernhard: Moraltheologie für das 3. Jahrtausend, Graz/Wien/Köln 1999

Inhoffen/Remele/Saringer (Hg.): Demokratische Prozesse in den Kirchen? (Konzilien, Synoden, Räte), Graz/Wien/Köln 1998

Jahrbuch der Katholischen Kirche in Österreich 1998, Wien 1998

Katechismus der Katholischen Kirche, Vatikan/München 1993

Katholische Aktion Österreichs (Hg.): Kirche zwischen Anspruch und Praxis, Graz/Wien 1998

König Franz (Hg.): Zentralismus statt Kollegialität? Düsseldorf 1990

Kothgasser Alois: Die Wahrheit in Liebe tun (Im Glauben unterwegs), Innsbruck/Wien 1998

Krätzl Helmut: Im Sprung gehemmt (Was mir nach dem Konzil noch alles fehlt), Mödling 1998

Liebmann Maximilian (Hg.): Kirche in der Demokratie, Demokratie in der Kirche, Graz/Wien/Köln 1997

Liebmann Maximilian (Hg.): Demokratie und Kirche (Erfahrungen aus der Geschichte), Graz/Wien/Köln 1998

Österreichischer Synodaler Vorgang (Dokumente), Wien 1974

Pasch Hans: Der wandernde Fels, Wien 1996

Plankensteiner Thomas: Gottes entlaufene Kinder (Zum theologischen Hintergrund des Kirchenvolks-Begehrens), Thaur/Wien/München 1996

Rahner Karl/Vorgrimler Herbert: Kleines Konzilskompendium (Sämtliche Texte von Vaticanum II mit Einführungen und Sachregister), Freiburg 1966

Ratzinger Josef/Maier Hans: Demokratie in der Kirche (Möglichkeiten, Grenzen, Gefahren), Limburg 1970

Ringel/Kirchmayr: Religionsverlust durch religiöse Erziehung, Freiburg i. Br. 1985

Schönborn Christoph: Die Menschen, die Kirche, das Land (Christentum als gesellschaftliche Herausforderung), Wien 1998

Weß Paul: Einmütig (Gemeinsam entscheiden in Gemeinde und Kirche), Thaur/Wien/München 1998

Namenregister

STICHWORTVERZEICHNIS